Сказки о мудрости и красоте

Издательский дом «Проф-Пресс»
Ростов-на-Дону
2014

ББК 84(0)
С42

Художник
Эмилия Ферез

С42 **Сказки о мудрости и красоте.** — Ростов-на-Дону: Издательский дом «Проф-Пресс», 2014. — 80 с., цв. илл. (серия «7 лучших сказок малышам»).

ББК 84(0)

© Шутько Л.С., пер., 2010
© Издательский дом «Проф-Пресс», составление, оформление, 2010

ISBN 978-5-378-03185-6

Счастливый Принц

Счастливый Принц был статуей и стоял на постаменте на площади посреди города. То есть настоящий Счастливый Принц был сыном короля и жил во дворце. В городе поставили статую, чтобы она его изображала. Но горожане статую тоже называли Счастливым Принцем, им так было проще.

Статуя была похожа на Принца, но её никак нельзя было перепутать с человеком. Она была покрыта золотыми листиками, а глаза у неё были из ярко-синих сапфиров. Конечно, у людей такого не бывает. А ещё у Принца-статуи был алый рубин на рукоятке меча.

За городом текла река. Один берег у неё был низкий, его часто заливала вода, и на нём росли камыши. Другой берег был высокий и сухой. В нём были норки, и летом там жили ласточки. На зиму они улетали в Египет.

Как-то осенью все ласточки отправились в Египет, а одна осталась. Ей стало жалко бросать камыши. Она спросила:

— Вы будете без меня скучать?

Камыши кивнули.

— Хотите, я останусь?

Камыши кивнули снова.

Ласточка прожила на берегу ещё шесть недель. По утрам и по вечерам она летала над камышами и иногда задевала их крылом. Камыши кивали ей, как будто здоровались.

Как-то она пожаловалась:
— Сегодня холодно.
Камыши, как обычно, кивнули.
— Как вы думаете, не улететь ли мне всё-таки?
Камыши кивнули ещё раз. Это было странно.
— Я не поняла: улетать или не улетать?
Но камыши только наклоняли метёлки туда и сюда.
— Почему вы на всё киваете? Так же невозможно разговаривать! — возмутилась ласточка.
Камыши продолжали качаться. И она догадалась, что никто не кивает ей, а просто ветер шевелит стебли. Она сделала круг над рекой и полетела в Египет.

Раньше ласточка путешествовала со всей стаей. Она не привыкла летать одна и быстро устала. Она отдыхала то на ветке, то на заборе и пролетела за день совсем мало. Только она добралась до города, а уже стемнело. Ласточка увидела Счастливого Принца, подумала, что статуя заслонит её от ветра, и решила переночевать на постаменте.

Ласточка задремала, но на неё упала капля, и она проснулась. Она подняла голову и увидела звёзды. Значит, на небе не было облаков, это был не дождь.

— Кто на меня льёт воду? — спросила она.
И ей в ответ прозвучало:
— Я не лью воду, а плачу. Прости, я не хотел, чтобы ты намокла. Я не знаю, как тебе сказать, кто я.

Ласточка обрадовалась, что с ней кто-то заговорил, и ей захотелось его утешить.

— Я не очень сильно намокла. А ты перестань плакать и лучше расскажи о себе хоть что-нибудь.

Тогда её собеседник начал рассказывать:

— Меня называют Счастливым Принцем. На самом деле я памятник Счастливому Принцу. Когда меня изваяли и поставили на постамент, я ничем от Принца не отличался. А теперь я не такой.

— Чем же ты теперь от него отличаешься?

— Счастливый Принц живёт во дворце. У него много игрушек, нарядов и сладостей. Он весь день делает, что хочет. Развлекается, гуляет по саду вокруг дворца, а не то позовёт музыкантов и артистов; они ему играют, поют и танцуют, а он слушает и смотрит. Все его за всё хвалят и стараются ему угодить. Даже памятник поставили, хотя он никому ещё не сделал ничего хорошего. И он думает, что это счастье.

— А разве это не счастье? — удивилась ласточка.

— Понимаешь, он ни разу не выглянул за ограду сада. Ему всё равно, как живут люди. Не знаю, как он будет управлять ими, когда станет королём. Вообще-то мне тоже сначала было всё равно. Но я стою посреди города и волей-неволей вижу людей. Им часто плохо. А я не могу быть счастливым, когда другим плохо.

И к ногам памятника скатилась ещё одна слеза.

Ласточке понравился Счастливый Принц (точнее, памятник Принцу). Она попробовала дать ему совет:

— Сделай так, чтобы людям стало лучше.

— Что я сделаю? — воскликнул Принц. — Я каменный, я даже пошевелиться не могу. Только сердце болит. Хотя говорят, каменное сердце не болит.

— Может, я тебе чем-нибудь помогу? — предложила ласточка.

— А тебе не трудно?

— Если честно, мне холодно. Мне пора лететь в Египет. Но ради тебя я задержусь.

— Тогда слушай. Недалеко отсюда живут маленький мальчик и его мама. Я вижу с высоты их окошко. Мальчик заболел, у него температура, ему хочется пить. Он просит апельсин. Чтобы выздороветь, нужны фрукты и, конечно, лекарства тоже. Но у мамы нет денег, чтобы их купить. Она швея. Она должна сшить платье для одной знатной дамы и вышить на нём цветы. Но у неё ничего не получается. У неё болят руки, потому что она волновалась и много раз укололась. У неё слипаются глаза. Она не дошила сегодня, наверное, не дошьёт и завтра, и ей не заплатят. А на моём мече есть дорогой рубин. Не могла бы ты выклевать его и отнести маме и сыну?

Ласточка три раза ударила клювом по рукоятке, оторвала рубин и полетела. Сначала нужно было пролететь над большим богатым домом. Ласточке было тяжело нести камень. Она присела на окно и увидела в комнате двух женщин. На них была красивая одежда, но лица у них были злые и равнодушные. Одна рассказывала другой:

— Я заказала швее платье. Она попросила заплатить вперёд, но я дам ей денег, только когда она закончит. Пусть работает быстрей. Завтра во дворце бал, я хочу прийти на него в новом платье и всех удивить.

«Вот у кого каменное сердце», — подумала ласточка.

За домом была маленькая лачужка. Там спал мальчик и во сне иногда стонал. Рядом сидела мама с недошитым платьем на коленях и тоже спала. Ласточка протиснулась в приоткрытое окошко, положила рубин на стол возле напёрстка и полетела назад.

Спать ей больше не хотелось.

Она села Счастливому Принцу на плечо и стала рассказывать ему о Египте:

— В Египте много чудес. Главное чудо — пирамиды. Они выше самых высоких домов. Им пять или шесть тысяч лет. Никто не знает, как поднимали каменные плиты на такую высоту без машин. В пирамидах лежат мумии. Это тела фараонов, которые правили Египтом. Древние египтяне изобрели особый раствор. Им натирали фараонов, когда они умирали, и они навсегда оставались как живые. Ещё в пирамидах хранятся сокровища. Я найду там новый рубин, лучше прежнего, и весной принесу его тебе.

— Прежде чем лететь в Египет, не могла бы ты посмотреть, как дела у мальчика и его мамы? — попросил Принц утром. — Мне отсюда плохо видно.

Ласточка улетела на весь день, а вечером рассказала:

— Мама продала рубин ювелиру, позвала доктора, купила всё, что он прописал, и десять апельсинов из теплицы. Сын поел, выпил лекарство, уснул, вечером открыл глаза, сказал, что ему лучше, и снова уснул. Я думаю, завтра он выздоровеет. Пока он спал, мама доделала вышивку. Теперь ты счастлив?

Счастливый Принц задумался.

— Я рад за этих людей. Спасибо тебе. Но помощь нужна не только им. На окраине города живёт писатель. Ему заказали пьесу. Но у него кончились дрова, руки замёрзли, и он не может написать ни одной буквы. Еды у него нет, и он думает не о героях пьесы, а только о том, как бы поесть.

— Я поняла, — перебила Принца ласточка. — Нужно отнести писателю другой рубин.

— Не совсем так, — поправил ласточку Принц. — Рубинов больше нет. Отнеси ему сапфир.

— Где он? — спросила ласточка и тут увидела, что сапфиры — это глаза Принца. — Нет, тебе будет больно!

— Не будет, я же каменный, — напомнил памятник. — У меня только сердце иногда болит.

С сапфиром ласточка пролетала над театром и села на крышу. Из театра выходил директор с женой.

— Хорошая пьеса шла сегодня, — говорила жена.

— Она всем нравится, даже королю, — отвечал директор. — Зал

полон каждый вечер. На выручку за неё мы купим новый дом. Но автору я сказал, пусть пишет новые пьесы, если хочет ещё денег!

«У них каменные сердца», – подумала ласточка.

На окраине стоял дом, в котором прохудилась кровля. Ласточка порхнула в дыру и оказалась на чердаке. Там стоял стол, за ним сидел юноша. Он не писал, а спал. Ласточка положила сапфир возле чернильницы и вернулась к Счастливому Принцу.

– В Египте есть ещё одно чудо, – продолжила она вчерашний рассказ. – Это статуя фараона Мемнона. Во время землетрясения она раскололась пополам. С тех пор каждое утро Мемнон что-то кричит. Путешественники из разных стран приходят его послушать. Древние греки придумали, что Мемнон – сын зари и на рассвете он приветствует мать. А понять его, наверное, смогли бы только древние египтяне.

Утром ласточка снова полетела к писателю, а вечером поведала статуе что-то удивительное:

– Писатель решил, что сапфир прислали зрители. Он обрадовался, дописал пьесу и пошёл не к ювелиру, а к одной актрисе. Он подарил ей камень и предложил выйти замуж. Актриса тоже не продала сапфир. Когда она разбогатеет, то вставит его в кольцо и будет носить. А сейчас они бедные, за пьесу директор заплатил мало. Но, по-моему, они счастливы. А ты?

Счастливый Принц ответил не сразу.

– Спасибо, ласточка. Я рад и за этих людей. Но несчастных всё равно много. Прямо под постаментом стоит девочка. Родителям не на что купить ей ботинки, и она ходит босиком. Все дети учатся в школе, а она продаёт спички. Только что она уронила спички в лужу. Они намокли, никто их не купит, и её выгонят со спичечной фабрики. Дай ей второй сапфир.

– Ты же ослепнешь! – возразила ласточка.

– Это тебе страшно ослепнуть. А я каменный. У булыжников никогда не было глаз, ну и что?

Ласточка отбила последний сапфир, пролетела над девочкой и бросила камень прямо ей в руки.

– Вот чудеса, стёклышко с неба! – воскликнула девочка и побежала показать его родителям.

Ласточка полетела следом, а утром рассказала:

– Родители девочки купили ботинки, шапки и пальто и дочке,

и себе, а ещё дров на зиму. За мокрые спички они тоже заплатили, но торговать девочка не будет. Бывший учитель, который вёл уроки у её отца, взял её в горничные. Он научит её читать и писать. Вот у него сердце не камень. Кстати, я уверена, что у тебя тоже. Но теперь-то ты счастлив?

— Спасибо тебе за труд и за добрые слова, — проговорил Счастливый Принц. — Я надеялся, что буду счастливее, когда стану обычным камнем без глаз и не буду видеть людей, которым плохо. Но я всё равно думаю о них. Уж лучше бы я их видел. Наверное, мне нельзя помочь. Не теряй времени, лети в Египет. Ты так хорошо о нём рассказывала...

Но ласточке пришла в голову другая мысль.

— Знаешь, если ты хочешь видеть людей и если я хорошо рассказываю, то давай я буду каждый день летать по городу и передавать тебе всё, что увижу.

Ласточка надеялась, что несчастий меньше, чем кажется Счастливому Принцу. Она увидит что-то хорошее, расскажет ему, а он порадуется. И она полетела во дворец. Туда съезжались знатные дамы и господа на приём к королю. У ограды стоял нищий и просил милостыню, но никто ему не подавал. Из ворот вышел стражник и прогнал нищего.

Ласточка полетела в порт. Один корабль привёз из Египта хлопок, сахар и слоновую кость. Грузчики понесли на берег тюки и ящики. Самый худой уронил ящик на ногу и вскрикнул. Остальные засмеялись.

Другой корабль отплывал в Египет. Нарядные путешественники поднимались по трапу на верхнюю палубу и расходились по каютам. На нижней палубе сидели люди в лохмотьях, там было тесно и грязно.

Ласточка вернулась и рассказала всё, как было.

— У меня ещё есть позолота, — сказал Счастливый Принц. — Будем раздавать её по одному листику.

Так ласточка и стала делать. Она разыскала и нищего, которого прогнали от дворца, и грузчика, у которого нога уже почти не болела, и много других детей, взрослых и стариков. Когда им помогали, они становились немного счастливее и добрее, и ласточка рассказывала об этом своему другу.

Сама ласточка не горевала. Она не замерзала, потому что не

сидела на месте. Только от снега она пряталась у статуи под мышкой. С едой было труднее. Ласточки питаются мошками. Зимой мошки не летают. Но наша ласточка приучилась клевать крошки, которые бросали ей пекари в одной пекарне.

Однажды ласточка собиралась отщипнуть золотой листик и увидела, что позолота кончилась. А людей, которым не везло в жизни, оставалось немало. Только в этом городе их была половина, а городов на свете много. Она решила, что дождётся других ласточек и посоветуется с ними, что можно сделать. Пока что она взлетела статуе на плечо и сказала:

— Давно мы с тобой не беседовали о египетских чудесах. Вот послушай про крокодилов. Они похожи на огромных ящериц или на драконов, только у них нет крыльев, и они не выдыхают огонь. Они живут в реке Нил. Древние египтяне поклонялись им, как богам. Они хищники, все звери их боятся. А есть одна птица, её прозвали крокодилий сторож, с нею крокодилы дружат. Они лежат на берегу, открыв рты, а она своим клювом чистит им зубы. Если близко охотник, она громко кричит, и крокодилы ныряют в реку. Ещё в Ниле живут бегемоты...

Ласточка убаюкала Принца, но сама тоже заснула и о бегемотах не рассказала.

Мимо пролетал ангел. Бог велел ему:

— Покажи мне самое лучшее, что есть в этом городе.

Ангел посмотрел на дворец, заглянул в магазин ювелира и ничего особенного не нашёл. Тогда он вернулся на площадь. Счастливый Принц без украшений стал простой серой статуей, каких много. А ласточку мы с вами сейчас не заметили бы, потому что пошёл снег и накрыл её с головой. Но ангел смотрел не так, как люди. Ласточка и памятник понравились ему больше всего. Он сдул снег, положил ласточку за пазуху и задумался, как же отнести на небо целую статую с постаментом. Потом он увидел, что самое лучшее в Принце — доброе сердце. Ангел вынул сердце так осторожно, что не разбудил Принца.

Сердце оказалось расколотым, как статуя Мемнона. Может быть, оно треснуло от холода прошлой зимой. От этого оно и болело.

С ласточкой и сердцем ангел взлетел на небо и показал их Богу.

— Ты хорошо выбрал, — похвалил его Бог. — Ласточка и Счастливый

Принц помогли многим людям. Теперь ты им помоги. Склей сердце и вложи в него и в ласточку чуть-чуть своего тепла, чтобы ни она, ни Принц больше не мёрзли. А потом верни всё на место.

— Подарить им мешок рубинов, два мешка сапфиров и три мешка золота? — спросил ангел.

— Не нужно. Никаких мешков на всех не хватит. Я думаю, Принц и ласточка сами найдут, как сделать людей счастливыми.

Соловей и Роза

«Я должен найти красную розу. Она пообещала, что будет танцевать со мной весь вечер, если только я принесу ей красную розу. Но где мне взять её? Я исходил весь сад под своим окном в поисках единственной красной розы, но всё безуспешно. Похоже, на балу моя любимая скорее будет танцевать с племянником камергера, чем со мной. О Боже! За что же люди обречены терпеть муки любви? Зачем это нужно?.. Одни страдания...»

И юноша сел на траву под деревом и заплакал. Лицо его было преисполнено грусти, он выглядел очень несчастным.

Это наблюдал Соловей, сидя на ветке дерева и скрытый от юноши листвой.

— Так вот, как выглядят они — те, в чьём сердце живёт любовь! — подумал Соловей. — Я всю жизнь рассказываю о них миру в своих песнях, но никогда раньше сам не встречал их. Вот он какой — по-настоящему счастливый человек, хоть и в слезах. Он влюблён, а это чувство сильнее всего на свете. Оно неподвластно законам логики, поскольку чувство не может быть логичным; ему подчиняются абсолютно все люди. Любовь уравнивает и богатых, и бедных, и умных, и глупых. Любовь может перевернуть этот мир. Вы, ромашки, лютики, колокольчики, насекомые, посмотрите все на этого юношу — он влюблён!

Но цветы и насекомые не были такими чувствительными, как Соловей; они не понимали, что такое эта любовь. Они считали молодого человека глупцом.

Соловей слышал, о чём рассуждал юноша, и он решил помочь ему добыть красную розу, чтобы его избранница, несомненно, лучшая девушка на свете, танцевала на балу только с ним, смотрела только на него и влюбилась в него так же, как и он полюбил её.

Соловей попрощался с деревом, на котором был его дом, и полетел на поиски розы. На одной из полян он увидел розовый куст. Он подлетел к нему и хотел попросить розу, но увидел, что цветы на нём белые. Они были красивы и невинны, только капельки росы касались их. Но они были белыми. Однако куст подсказал Соловью, что недалеко, у одной из башен, растёт другой куст. Он посоветовал попросить розу там. И Соловей полетел.

Вскоре птица добралась до второго куста. И вновь Соловья ждало разочарование. На этом кусте розы были жёлтыми. Они тоже были прекрасны. Они освещали всё вокруг, как луна ночью освещает поля и луга. Но девушка хотела красную розу. Куст посоветовал лететь к тому дому, где живёт влюблённый юноша. Там есть сад, и там должны быть красные розы.

Маленькая добрая птичка как можно быстрее полетела к третьему кусту.

— Чудный куст, дай мне, пожалуйста, одну красную розу! Всего лишь одну, и она поможет влюблённому юноше завоевать сердце его избранницы.

— Я от всего сердца был бы рад тебе помочь. Но, к сожалению, у меня нет роз. Только тепло доброго сердца и его кровь смогут пробудить мои бутоны. Если действительно хочешь помочь юноше, спой свою песню. Ведь любовь — это тоже песня. И грустная, и весёлая, и жестокая, и добрая. Только любовь способна пробудить те же чувства, что и песня. А твои трели прекрасны. Я слышал их только издалека, а теперь хотел бы насладиться ими сполна. Но тогда ты должен отдать жизнь. Ты погибнешь, наколовшись на мой шип. Ибо только кровь твоего искреннего и открытого сердца проникнет в сердце моё и пробудит бутоны. Решать тебе.

Соловей летел к своему дереву и думал:

— Своей жизни я лишиться не хочу. Я ещё не все свои песни исполнил. И время самой лучшей трели ещё впереди. Но как я могу обречь бедного юношу на страдания и несчастье? Ведь сейчас только я могу помочь ему. А любовь двух людей намного ценнее, чем моя жизнь.

Соловей решил спеть свою песню розовому кусту. Дерево, на котором жил Соловей, было расстроено. Они столько времени провели вместе, а теперь сладкоголосая маленькая птичка улетала навсегда.

Ближе к ночи Соловей прилетел к розовому кусту и сказал:

— Я буду петь для тебя свои лучшие песни всю ночь. А ты за это дашь мне самую лучшую красную розу!

— Я согласен, — ответил куст.

С наступлением ночи Соловей запел. И пеньем его наслаждался юноша, лёжа в слезах на своей кровати в комнате и рассуждая о мудрости, о науках и о любви, наслаждались насекомые, живущие в траве, наслаждался розовый куст. И на нём постепенно начали распускаться бутоны.

Соловья понемногу пронзал шип, но он ещё не чувствовал боли и пел. Песни его были о любви, — любви всесильной, разрушающей все преграды на своём пути, любви ласковой и жестокой, — любви между мужчиной и женщиной. А куст просил:

— Ещё! Спой ещё! И прижмись сильнее к шипу, ибо скоро рассвет, а розы мои ещё не красны.

Соловей прижимался к шипу и всё пел и пел. Понемногу розы из белых начали окрашиваться в розоватый цвет, они стали почти как ранняя заря. Соловей пел громче и громче. Всё вокруг замерло, слушая его истории о любви людей. Шип коснулся его сердца. Соловей почувствовал его укол, но лишь сильнее начал петь. И сейчас он исполнял самую лучшую в своей жизни песню. В ней слились самые прекрасные чувства на земле, даже те, которые сам Соловей никогда не испытывал, но он слышал о них и желал, чтобы за него пережил их тот юноша, который подарит прекрасный цветок девушке. А розы меж тем налились багрянцем.

Кровь выступила на пёрышках Соловья. Роза на той ветке, где был шип, становилась всё прекраснее, бутон совсем раскрылся, цветок был красивейшего красного цвета.

Соловей ещё сильнее прижался к шипу и издал последнюю и самую чудесную в своей жизни трель. Когда роза полностью налилась цветом, птица погибла.

Наутро влюблённый юноша вышел в сад и увидел несказанной красоты красную розу. Такой цвет он видел впервые. Это был цвет крови. Молодой человек сорвал розу с куста и помчался к возлюбленной. Он прибежал к её дому и, упав на колено, протянул цветок.

— Теперь ты будешь весь вечер со мной, ты обещала!

— Фи! Ты опоздал, неудачник! Племянник камергера уже одарил меня подарками. И подороже, чем твоя роза. Так что уходи!

Юноша со злостью бросил цветок на землю и ушёл домой. По дороге он думал:

— Ну и что я получил от этой любви? Что? Неужели это счастье – страдать?! Нет уж. Мне такого не надо. Всё в жизни должно быть по правилам. А любовь правилам не подчиняется, значит, мне она не нужна. Только глупцы верят в неё и хотят любить. Я лучше вернусь к своей науке. Это то, что я могу понять в отличие от любви.

Вот так грустно и печально закончился рассказ о несчастном влюблённом и добром Соловье, отдавшем свою жизнь ради человеческой любви. Но, как оказалось, всё напрасно. Жестокие сердца людей не сумели по-настоящему оценить великой жертвы бедной пташки.

Преданный друг

Стояла прекрасная погода: светило солнце, по небу плыли облака самых причудливых форм. В такие дни настоящее удовольствие доставляла прохладная речная вода. Поэтому Утка и вывела своих детишек к реке. Она собиралась преподать им несколько уроков по плаванию и нырянию, хоть птенцы и не имели ещё даже настоящих пёрышек, а лишь жёлтенький пушок. Но Утка считала себя хорошей матерью, а плаванье — это важный момент в воспитании утят, ведь оно прививает дисциплину.

— Если вы не научитесь нырять, вас никогда не будут считать благовоспитанными утятками! — поучала Утка-мать своих шустрых и весёлых деток, которые резвились в воде, играли друг с другом — в общем, вели себя, как и любые другие малыши. Им совершенно не хотелось обучаться нырянию: это же так скучно! Гораздо интереснее изучать окружающий мир и плескаться в воде с братьями и сёстрами.

— Ох уж эта детвора! — вздохнула пожилая Водяная Крыса, показавшись из своей норки. — Ну никак не хотят слушать умные вещи, которым их взрослые учат. Ужасные дети!

— Зачем же вы так?! — возразила Утка. — Они же совсем ещё юные, любому родителю приходится поначалу непросто, обучение требует терпения и родительской любви.

Крыса дёрнула своим длинным серым хвостом, нервно пошевелила мокрыми усами, фыркнула и ответила на замечание Утки:

— Знаете ли, я не была замужем, у меня нет потомства; наверное, я никогда не пойму, что значит любить своих детей. Но я знаю точно, что самое сильное чувство на свете – это дружба. Поэтому я предпочитаю именно дружить, а не любить.

Крыса собралась уже было улизнуть обратно в свою нору, но тут её окликнула Птичка, сидящая на ветке дерева:

— Скажите, уважаемая Крыса, а какой, на ваш взгляд, должна быть дружба?

— Естественно, преданной, – ответила Крыса. – Друг всегда должен быть предан! Вот я, например, очень преданный друг!

— Разрешите мне рассказать вам одну историю, которую я слышала давным-давно. Она как раз об одном преданном друге.

— Давай! — позволила Крыса. — Мне очень интересно послушать о таких же преданных друзьях, как я сама. Это, конечно, история о каком-то прославленном человеке? Он, наверное, совершил какой-нибудь подвиг или написал роман? Сегодня модно писать романы. Я и сама задумываюсь над тем, чтобы начать писать. Ну и чем же прославился герой твоего рассказа?

— Нет, он ничем не прославился, это просто поучительная история. Если вам интересно, я начну.

— Очень, очень интересно, — отозвалась Утка.

— Дело было так... — начала Птичка. — Давно жил на свете один богатый мельник по имени Хью. Он жил в хорошем тёплом доме с женой и маленьким сынишкой. Его семья ни в чём не нуждалась, мельница приносила прекрасный доход, поэтому мельник был очень доволен собой, считал себя умным и учтивым человеком. Он любил поговорить о вечных вещах — о дружбе, о любви — считая, что отлично в них разбирается. И своего сына он хотел научить так же хорошо разбираться в важных вещах, поэтому часто проводил с ним беседы. Он спрашивал мальчика:

— Скажи-ка, а что ты думаешь по поводу дружбы, сын?

Мальчик принимался увлечённо объяснять отцу, что он называет дружбой. Его взгляды были ещё очень наивны и неправильны, по мнению отца. Но они были чисты: только ребёнок мог бы так искренне говорить о таких «взрослых» вещах.

В той же деревне жил бедный человек по имени Ганс. Он зарабатывал на кусок хлеба тем, что выращивал и продавал цветы. У него был красивый сад, какого больше ни у кого в деревне не было. Любые цветы, какие только можно представить, были в саду Ганса. Они радовали взор соседям Ганса и ему самому. Любимым его занятием было ухаживать за своими цветочками: поливать их, окучивать. Ганс аккуратно дотрагивался до листиков цветов, потому что был уверен, что цветы всё чувствуют и понимают. Он ежедневно разговаривал с каждым кустиком, чтобы тот не забыл о нём и не обиделся.

Почему-то никто, даже сам Ганс, не помнил уже начала этой истории, но он и мельник считали друг друга большими друзьями. Видимо, их дружба завязалась в те времена, когда Хью ещё был беден так же, как Ганс теперь. Он был ещё молод, у него не было жены и ребёнка, а жил он в таком же крошечном бедном домишке, как у Ганса. Тогда они часто тёплыми вечерами сидели на крыльце Ганса и рассуждали о чём-нибудь. Садовник Ганс любил смотреть на звёзды и мечтать, что когда-нибудь он вырастит много-много цветов, отвезёт их в город, продаст и на вырученные деньги купит себе добротный дом с камином, а по вечерам он будет сидеть в удобном кресле и читать свои любимые книги.

А Хью в то время мечтал, что когда-нибудь он, как и его отец, станет хозяином собственной мельницы, построит большой-большой дом, в котором на стенах будут висеть картины, а в столовой будет стоять огромный стол, за которым Хью будет ужинать вместе с женой, конечно же, самой красивой женщиной в деревне, и сыном — самым умным мальчиком на свете.

Прошло много лет. Хью действительно стал хозяином мельницы, женился, построил дом. В общем, всё случилось так, как он и мечтал.

Больше не сидели они с Гансом на крыльце; Хью всё время говорил, что ему некогда, он же занят делом, не то что Ганс. Однажды Ганс попросил его:

— Дорогой друг, может, ты возьмёшь меня к себе на мельницу? Я могу мешки носить да и любую чёрную работу выполнять. Я понял, что от сада моего толку не будет.

— Ох, Ганс, да я бы рад помочь, но ты посмотри на себя: тебя самого ноги еле носят, а мешок-то уж ты точно не поднимешь!

Так и продолжил Ганс выращивать и продавать цветы.

Жители деревни удивлялись доброте и наивности Ганса. Он совсем не замечал корысти Хью. Мельник умел получать от людей то, чего хотел. Он пользовался их добротой, пока они сами не замечали этого и не переставали общаться с мельником.

Может быть, из-за своей простоты и доброты, а может, просто потому, что всегда был слишком занят в своём саду, выращивая цветы, а потом на рынке, продавая их, Гансу некогда было присмотреться к человеку и понять, действительно ли он верный друг. Он любил минуты, когда вечером, проходя мимо домишки Ганса, к нему заглядывал мельник. Ганс всегда дарил ему большую охапку цветов и ничего не ждал взамен. Мельник интересовался, как дела у Ганса, ведь, как он сам говорил, преданные друзья всегда должны интересоваться делами друг друга. Ганс никогда не жаловался на жизнь, хотя она была нелегка. Он думал, что ему ещё не так плохо живётся. Вот Хью гораздо сложнее, он днями работает на мельнице, да к тому же у него такой большой дом, за которым нужно ухаживать!

А потом мельник шёл к себе домой, сытно ужинал, рассуждал некоторое время о дружбе, сидя у камина, и укладывался в тёплую кровать.

Наступила зима. Она была холодной и снежной. Нередко случались настоящие бури. Конечно, зимой цветы у Ганса не росли. Поэтому он перебивался, как мог: денег на вкусные ужины у него не было, да и хлеб-то не всегда было возможно купить. Единственное, что было

ценного, — кое-что из серебряных побрякушек — Ганс заложил, чтобы выручить хоть какие-то деньги. Ему пришлось даже пожертвовать самым нужным для него предметом — своей садовой тачкой. В общем, зима у Ганса проходила невесело.

Мельник же наоборот чувствовал себя превосходно. Он коротал вечера, поучая сына, рассказывая ему о настоящей преданной дружбе, как у него с бедняком Гансом. Однажды сынишка предложил отцу позвать Ганса в гости:

— Папа, ты же говоришь, что Ганс беден — значит, ему холодно и голодно зимой. Давай пригласим его к нам, пусть он согреется и поужинает с нами. Ведь он же твой самый лучший друг!

— Глупости ты говоришь, мальчонка! Ты ещё совсем ничего не понимаешь в дружбе. Гансу сейчас не очень хорошо, а я знаю, что такое, когда чувствуешь себя плохо и кошки на душе скребут. Тогда меньше всего хочется, чтобы кто-то тебя трогал. А Ганс — мой друг. Зачем же я буду делать то, чего он не хочет? Он придёт к нам, посмотрит, как мы живём, и чего доброго, захочет жить так же! А это значит, что он перестанет выращивать свои цветы, и займётся чем-то другим, ведь на цветах не сильно-то разбогатеешь. А это значит, что человек по нашей вине бросит своё любимое занятие! Разве можно такое допустить?! Нет! Никогда! Глупый ты мальчишка! Я переживаю за своего друга и не допущу этого!

— Верно, верно, дорогой, — поддакивала мельнику жена. — Испортим ещё человеку жизнь своими добрыми намерениями. Какой же ты у меня великодушный, муженёк! Всё-то ты о других думаешь! Поешь лучше мясца, а то что-то похудел, заработался совсем, бедный!

Мальчик понял, что сказал глупость, и расстроился, что он совсем не такой умный и порядочный, как его отец.

— Вот наступит скоро весна, пойду в гости к Гансу, — продолжил Хью. — Он всегда мне рад. Когда его сад полон цветов, он с большим удовольствием дарит мне их!

Кое-как протянул Ганс зиму, настала весна. Бедный Ганс вновь вышел работать в свой сад. Вскоре показались самые первые чудные цветочки. Их было так много этой весной, что Ганс решил пойти в город на рынок и продать их. А вырученных денег ему хватило бы, чтобы забрать все вещи, заложенные зимой.

Вечером мимо домика садовника проходил мельник:

— Привет, мой славный друг Ганс!

— Здравствуйте, любезный мельник!

— ...Мне, несомненно, нравится этот чудесный человек — мельник Хью! — перебила Водяная Крыса Птичку. — Нет, вы подумайте: не успела лютая зима отступить, как он уже побежал в гости к другу! Вот это настоящий преданный друг, вот каким надо быть! Я уверена, что у этой истории будет прекрасный конец! Ну, продолжай, Птица!

— Итак, — продолжила повествование Птичка, — мельник остановился у забора Ганса...

— Как идут у тебя дела? — как обычно спросил Хью.

— Не жалуюсь, — ответил Ганс, — хоть и непросто было пережить эту зиму. Лютые стояли морозы!

— Да, мой любимый друг, зима была непростая. Если б не было у меня камина, так и не знаю, как бы выжил! Смотрю, на цветочки год урожайным будет!

— Слава Господу, хоть хватило бы мне денег с продажи этих цветов, чтобы выкупить свою любимую садовую тачку!

— Как? У тебя нет тачки? Так не переживай, друг мой! У меня есть совершенно ненужная садовая тачка. Она, правда, немного сломана, но ты же легко починишь! Я с удовольствием её тебе отдам, мы же преданные друзья!

— О, спасибо, господин мельник, это так любезно с вашей стороны! Вы поистине щедрый человек!

— А теперь, Ганс, нарви-ка мне корзину своих цветов, и я пойду домой. Поздно уже.

Ганс быстро сорвал все цветочки в своём саду и отдал их мельнику, ведь тот обещал подарить ему садовую тачку!

Следующие несколько дней Ганс только и делал, что выполнял поручения мельника, чтобы получить от него тачку. Как-то с утра пораньше, когда Ганс вышел в сад, чтобы полить свои цветочки, мельник отправил его снести на мельницу тяжёлый мешок с мукой. Ганс не мог отказать другу в такой пустяковой просьбе.

На то, чтобы отнести мешок, ушёл весь день. Путь был неблизкий, а Ганс был настолько худ и слаб, что мешок был для него непосильной ношей. Но он справился, ведь он был преданным другом. Вечером, не поужинав, Ганс лёг спать: от усталости у него подкашивались ноги. Лёжа в кровати, он думал о настоящей дружбе. Он был горд, что мельник считает его своим другом, и радовался, что может ему чем-то помочь. Если бы Ганс был богат, то он, конечно, дарил бы подарки своим друзьям, как мельник подарит ему тачку. А пока он мог разве что выполнять просьбы мельника, показывая этим своё дружеское отношение. Вот так размышляя, Ганс уснул.

Не успело взойти солнце, как в дверь Ганса снова постучал мельник:

— Дорогой друг, мне просто необходима твоя помощь. Ты ведь понимаешь, я человек занятой, мне на мелочи тратиться некогда. А тебе всё равно делать нечего — заделай-ка мне дыру в крыше. Так сложно ухаживать за большим домом, ты себе не представляешь! Всегда что-то нужно делать: нужно латать крышу, следить за газоном, красить, белить. Тебе крупно повезло, что у тебя нет такого огромного дома. Одни только проблемы от него! Но ты же помнишь про тачку? Так что твоя доброта будет вознаграждена!

И снова Ганс не посмел отказать, хоть ему и не доставляло удовольствия лезть высоко на крышу под страхом свалиться с неё.

До вечера провозился садовник с крышей дома Хью. Наконец он закончил работу и, еле переставляя ноги, отправился домой.

Так продолжал Ганс работать на мельника, а обещанной тачки всё не было. На цветы у Ганса совсем не оставалось времени. Он падал от усталости, но говорил сам себе: «Я преданный друг и должен помогать мельнику, как он поможет мне, подарив тачку!»

Погода весной переменчивая, и однажды жаркие солнечные дни сменились ненастьем: лил дождь, дул сильный ветер. Люди старались не выходить на улицу. Ганс тоже сидел у окна в своём домике и думал о жизни. Стараясь хоть как-то скоротать время, садовник

читал сам себе книги вслух. Он любил читать: это отвлекало его от действительности. В книгах всё было хорошо: герои были счастливы, жили в хороших домах, кушали вкусные блюда; они влюблялись, женились, у них рождались дети, у которых тоже всё складывалось хорошо. Ганс читал и мечтал о том, что и у него когда-то сбудется всё, что он загадывал много лет назад, глядя на звёздное небо.

Неожиданно в дверь постучали. «Может, кому-то нужна моя помощь? Вряд ли в такую погоду кто-то пришёл бы ко мне просто так», — подумал Ганс и пошёл отпирать дверь.

На пороге стоял мельник.

— Ганс, друг, мне нужна твоя помощь: моему сынишке срочно требуется врач. Мальчику совсем плохо, а за врачом бежать далеко. Сбегай-ка ты, я не могу бросить сына в беде. Ты же помнишь, что я дарю тебе садовую тачку!

— Да, конечно, дорогой друг, я побегу сию же минуту за врачом! Только темно уже, как бы мне не заблудиться! У меня даже фонаря нет!

— Ничего, Ганс, ничего, найдёшь дорогу. Ступай с Богом!

Ганс надел самые тёплые вещи, какие у него были, и сквозь дождь и ветер побежал за врачом.

Долго блуждал он в потёмках, пока добрался до дома врача! Несколько раз он сбивался с пути и оказывался на том же месте, откуда отправился в дорогу. Но вот он увидел слабый свет в окне. Он подошёл ближе и постучал в дверь. Открыл сам врач. Ганс объяснил, что сыну мельника срочно нужна помощь. Врач тут же собрался в дорогу и на повозке отправился в путь. А Ганс побрёл домой пешком.

Непогода разгулялась не на шутку: дождь пошёл ещё сильнее, дороги совсем размыло. Было непонятно, куда ступает нога; ветер хлестал ветками по лицу. Ганс уже не знал, в верном ли направлении он движется. Нечаянно он повернул не в ту сторону, почувствовал под ногами что-то мокрое и вязкое. Но сил у него уже не было даже на то, чтобы крикнуть.

Утром тело Ганса нашли местные жители.

По его деревне тут же разлетелась новость: Ганс утонул! Кто-то говорил, что он решил таким образом свести счёты с жизнью, ведь ему так тяжело приходилось.

На похороны садовника собралась вся деревня. Были накрыты

столы с кушаньями, которых Ганс при жизни не видел. Люди вздыхали о тяжёлой судьбе бедного Ганса, а больше всех переживал мельник. Он рыдал не переставая и говорил, что так и не успел подарить Гансу свою садовую тачку. Она бы обязательно помогла бедняку в работе. Он вырастил бы много цветов и повёз бы их в этой тачке в город на рынок. Ох, как выручила бы его эта тачка!..

— Всё? — спросила Водяная Крыса. — Это и была твоя история о дружбе? И чем она закончилась? Я так и не поняла. Как сложилась жизнь почтенного мельника? Милейший человек, как мне показалось. Мы бы смогли с ним стать преданными друзьями. И зачем ты так много рассказывала об этом садовнике? Обыкновенный лентяй, который не хотел трудиться, а всё цветочки выращивал. Какой же это друг?! Да он не мог и подарить-то ничего мельнику, кроме своих розочек и ромашек. Вот о мельнике надо было побольше рассказать!

— Для того чтобы понять мораль этой истории, не обязательно знать, что стало с мельником, уважаемая Крыса, — ответила Птичка.

— Не умеешь ты рассказывать, Птица. Какая может быть мораль в этой пустой истории? Фу! — фыркнула Крыса и скрылась в норе.

Молодой король

Дворец готовили ко Дню Коронации. Множество королевских слуг сновало по залам: они украшали стены и потолки, расставляли вазы с красивейшими цветами, до блеска натирали статуи. А сам король, совсем ещё мальчик, находился наверху в своей спальне. Он лежал в просторной кровати и не совсем ещё понимал, почему все так суетятся и переживают из-за этого Дня Коронации.

Мальчик совсем не чувствовал себя королём, но ему уже успел понравиться тот обычай, что многие люди прислуживают ему. По первому приказанию ему подавали разнообразные кушанья, перед сном его купали и облачали в ночную рубашку. Утром он мог любоваться чудесными видами дворцовых садов, стоя у окна в своей комнате, и у него не было теперь никакой нужды работать. Совсем ещё недавно всё было иначе.

Юноше не исполнилось ещё и шестнадцати лет. Он жил со своим отцом – простым пастухом, которого любил и почитал за то, что он даровал ему жизнь. С детских лет мальчик усвоил суровые законы жизни: он знал, что для того, чтобы заработать на кусок хлеба, необходимо трудиться день и ночь. С восходом солнца мальчик облачался в нищенское одеяние и уходил в поле пасти овец. Развлекался он разве что только игрой на пастушеской дудочке. Поздним вечером он возвращался домой, вместе с отцом более чем скромно ужинал и на несколько часов ложился спать. Так продолжалось уже много лет.

Но однажды всё изменилось в один момент. Одним из обыкновенных вечеров в дверь пастушеской хижины постучали. Отец мальчика открыл дверь и увидел на пороге стражников короля. Они объявили только, что им приказано увезти мальчика во дворец, ибо так распорядился сам король.

Уже во дворце юноша узнал, что его матерью была дочь короля, а его отец не родной ему. Это была тёмная и забытая история. Мать юного короля и его отец покоились в одной могиле, как говорила народная молва. Их дитя, рождённое вне всяких законов и вне брака, вскоре после его рождения было увезено в деревню и отдано одинокому пастуху.

Теперь король был стар, он захотел посмотреть перед смертью на внука и приказал разыскать его. Когда мальчик впервые попал во дворец, он долго не мог привыкнуть к тому, что за него здесь практически всё будут делать слуги. Они всюду сопровождали своего юного повелителя и выполняли любые его пожелания.

Вскоре юноша смирился с постоянным присутствием слуг и уже не обращал на них никакого внимания — они стали для него всё равно что мебель. Если ему что-то было нужно, он просто отдавал приказ, и ему всё приносили. Если он собирался лечь спать, то шикарную постель для него готовили слуги. Всегда в комнате мальчика стоял аромат свежих цветов. На обед он получал только то, что сам просил. А поскольку в бытность свою пастухом ничего лучше хлеба мальчик не пробовал, то теперь он решил сполна наслаждаться жизнью. Каждый день повара готовили для него новые и самые изысканные блюда, продукты для которых доставляли со всего света.

Кроме того, мальчик стал быстро привыкать к окружавшей его роскоши. Каждый день он получал очень дорогие подарки от других правителей со всего света. Это были драгоценности, названия

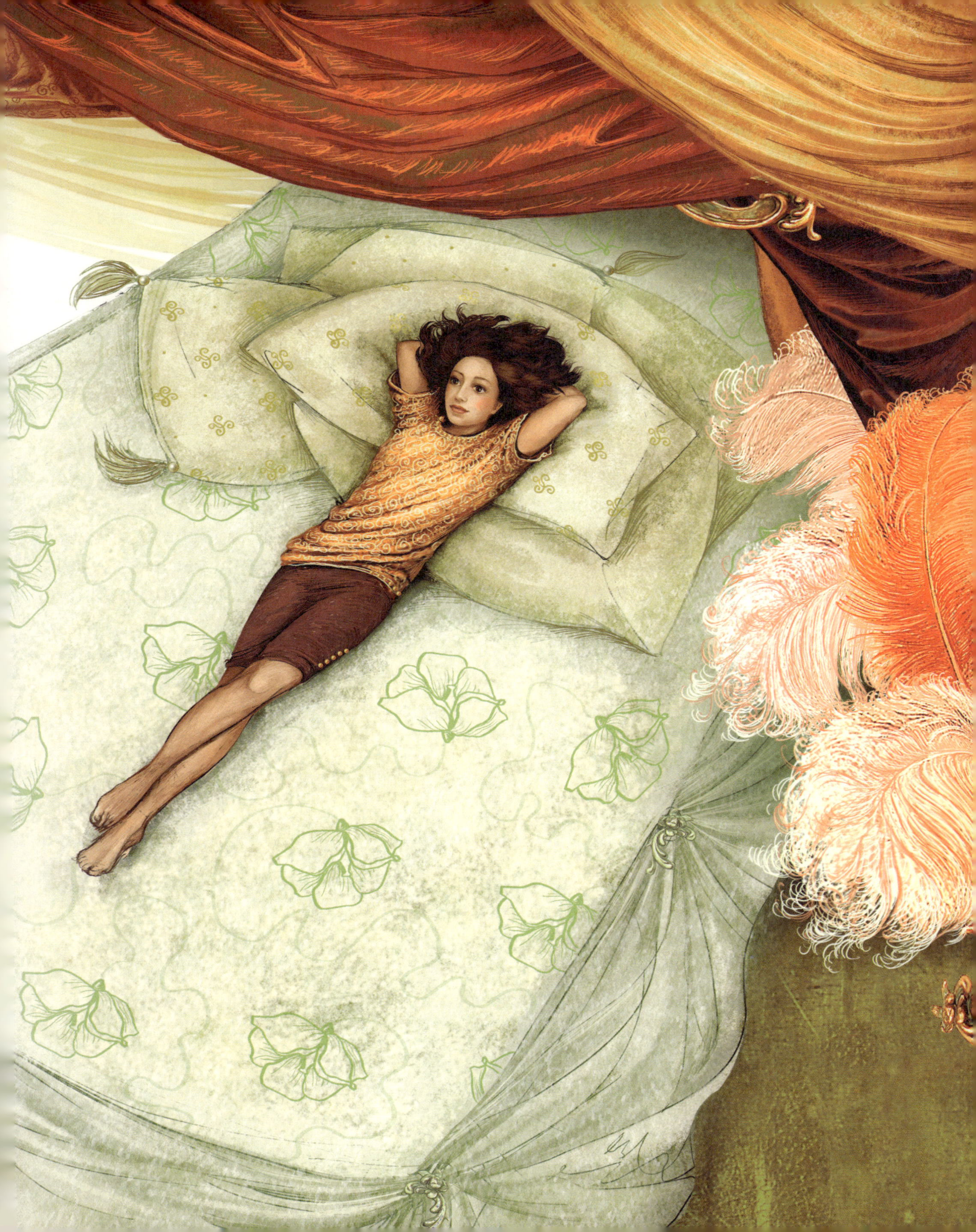

которых он не слышал никогда в жизни. Он не понимал ещё, зачем они нужны людям – для него это были просто игрушки. Ведь в своём детстве никаких игрушек он не видел: отец был слишком беден для того, чтобы тратиться на безделушки для сына. Мальчик мог разве что поиграть клубком овечьей шерсти да поленом для топки печи.

Если поначалу мальчик вёл себя очень скромно и стеснялся командовать, то сейчас он обрёл смелость и решил для себя, что в том, что слуги, окружавшие его, родились для чёрной работы, виноват не он, а судьба. А раз уж она так распорядилась, остаётся только подчиниться ей.

И вот юношу собирались короновать на престол.

В богато обставленную комнату вошли слуги, такие же юные, как сам молодой король. Они искупали его, переодели и уложили на шёлковые простыни, материю для которых доставляли из-за океана. На комоде, который стоял недалеко от кровати юноши, рядом со статуей античного Нарцисса с серебряным зеркалом, слуги разложили наряд для Церемонии. Золотые нити мантии и драгоценности, украшающие скипетр и корону, так сияли, что на них было трудно смотреть. Ничего более прекрасного молодой король в жизни ещё не видел. В радостном расположении духа он заснул.

Вскоре юноше приснился сон. Он был необычен. Такие сны молодой король раньше не видел. Обычно он вообще не видел снов, поскольку настолько уставал в поле, когда был пастухом, что засыпал крепким сном до самого рассвета. Сейчас же ему привиделось какое-то странное помещение, напоминающее подвал. Стены были серыми и совсем без гобеленов, как в его королевской комнате. В длинных коридорах помещения за станками сидели люди. Там были и старики, и дети, мужчины и женщины. Все они трудились. Их лица были бледными, потому что в помещение не проникал солнечный свет, руки были исколоты иглами, а одеты они были в лохмотья.

Командовали этими бедняками Нищета и Голод. Они требовали, чтобы люди работали быстрее, ведь им нужно успеть до утра. С рассветом молодой король должен облачиться в свою прекрасную мантию.

Юноша ужаснулся: он понял, что все эти люди страдают из-за него. В следующую секунду он проснулся в холодном поту. Он повернул голову в сторону комода, на котором лежала его новая одежда, и поразился её красоте. Он подумал: «Неужели такая роскошь создаётся руками нищих в сырых подвалах?! Разве можно это представить? Чего только ни приснится порой!»

Молодой король снова заснул и увидел второй сон. Ему привиделось, что он плывёт в лодке, вокруг него множество людей: одни сидят за вёслами, а другие ими командуют. Молодой человек обернулся и увидел за спиной Главного Надсмотрщика. Имя ему было Рабство.

Через несколько мгновений лодка остановилась недалеко от берега. Один из тех, кто командовал рабами, сидящими за вёслами, жестом подозвал одного из них. Это был совсем юный человек, не старше самого молодого короля. Надсмотрщик дал ему нож, заковал его ногу цепью и столкнул в воду. Вскоре юноша показался над водой, он что-то передал надсмотрщику и снова нырнул. Так повторилось несколько раз. Когда у юноши не было больше сил нырять, он поднялся в лодку. Секунду он постоял, а затем упал замертво. Главный Надсмотрщик распорядился выбросить тело в океан — морские жители не оставят и следа от него.

Молодой король хотел спросить, зачем юноша нырял, но услышал разговор надзирателей:

— Эх, вот это жемчужина! Молодой король будет доволен. Этот жемчуг станет великолепным украшением его наряда.

Молодой король проснулся от собственного крика. Он долго ворочался в постели, и перед его глазами проносились картинки из его сна. Он вновь и вновь видел лодку с рабами и юношу, ныряющего за борт.

Ближе к утру молодой король всё-таки заснул. И к нему пришёл третий сон.

Молодой человек шёл по чудной красоты лесу. Зелёный цвет листвы многовековых деревьев умиротворял. Глаз радовали прекрасные птицы, которые, казалось, пели именно для него, нового короля. Воздух в лесу был чист и свеж. Дикие животные гуляли совсем рядом, не боясь человека. Это был поистине райский уголок. Юноша прогуливался, наслаждаясь окружившей его красотой.

Но вот он вышел на поляну, и его глазам предстала ужасающая картина: сотни или даже тысячи людей с кирками в руках работали на дне какого-то оврага. Их тела были покрыты земляной пылью, по лицам струился пот. Одни из них добывали какие-то сияющие камни, а другие перевозили землю и добытые драгоценности на самодельных тележках. С поляны за ними наблюдали Жадность и Смерть. Они отдавали приказания людям, запугивая их различными болезнями и пороками. Люди знали, что если они не будут трудиться, то не смогут выжить. Жадность их повелителей и желание несметных богатств обрекли этих несчастных на вечные страдания на дне оврага. И многие из них молили Смерть забрать их души. Наблюдатели переговаривались между собой. Смерть обратилась к Жадности:

— Я вижу у тебя в руках зёрна, подари мне хотя бы одно.
— Нет, — ответила Жадность, — зачем оно тебе? Не отдам.
— Тогда я уничтожу часть твоих работников.
— Ты не посмеешь.

И вдруг туман опустился над оврагом, в котором трудились люди. Стало промозгло. И в овраг спустилась женская фигура. Имя её было Холера. Она прошла между работающими людьми, и многие из них упали замертво.

— Как ты могла? — возмутилась Жадность. — Мои люди добывают драгоценные камни для наряда молодого короля, ведь завтра День Коронации.

— А ты дашь мне одно зерно? — вновь спросила Смерть.
— Теперь уж точно ничего я тебе не дам!

Вдруг стало жарко, как в аду. Солнце нещадно палило тела людей. Земля раскалилась, люди обжигали руки, прикасаясь к ней. Но они не могли прекратить работу. Иначе они останутся голодными, а Жадность и так слишком скупа на еду. Умереть от голода — это самое страшное, что могли себе представить работники. А к ним в овраг спустилась Горячка. Она обволокла своим крылом большую половину работников. Они превратились в пепел. Раздался плач, который горячий ветер разнёс по этой Долине Смерти. Люди, хоть и желали скорее уйти из этого мира, не хотели таких страданий, не хотели видеть гибель своих близких.

Жадность пришла в ярость, а Смерть в третий раз попросила одно зерно. Но Жадность вновь отказала ей. Тогда Смерть вскочила верхом на коня и позвала Чуму. Вместе пронеслись они над оврагом, и не осталось в нём больше живых людей.

Юноша не мог ничего сказать — он только смотрел на усеянное

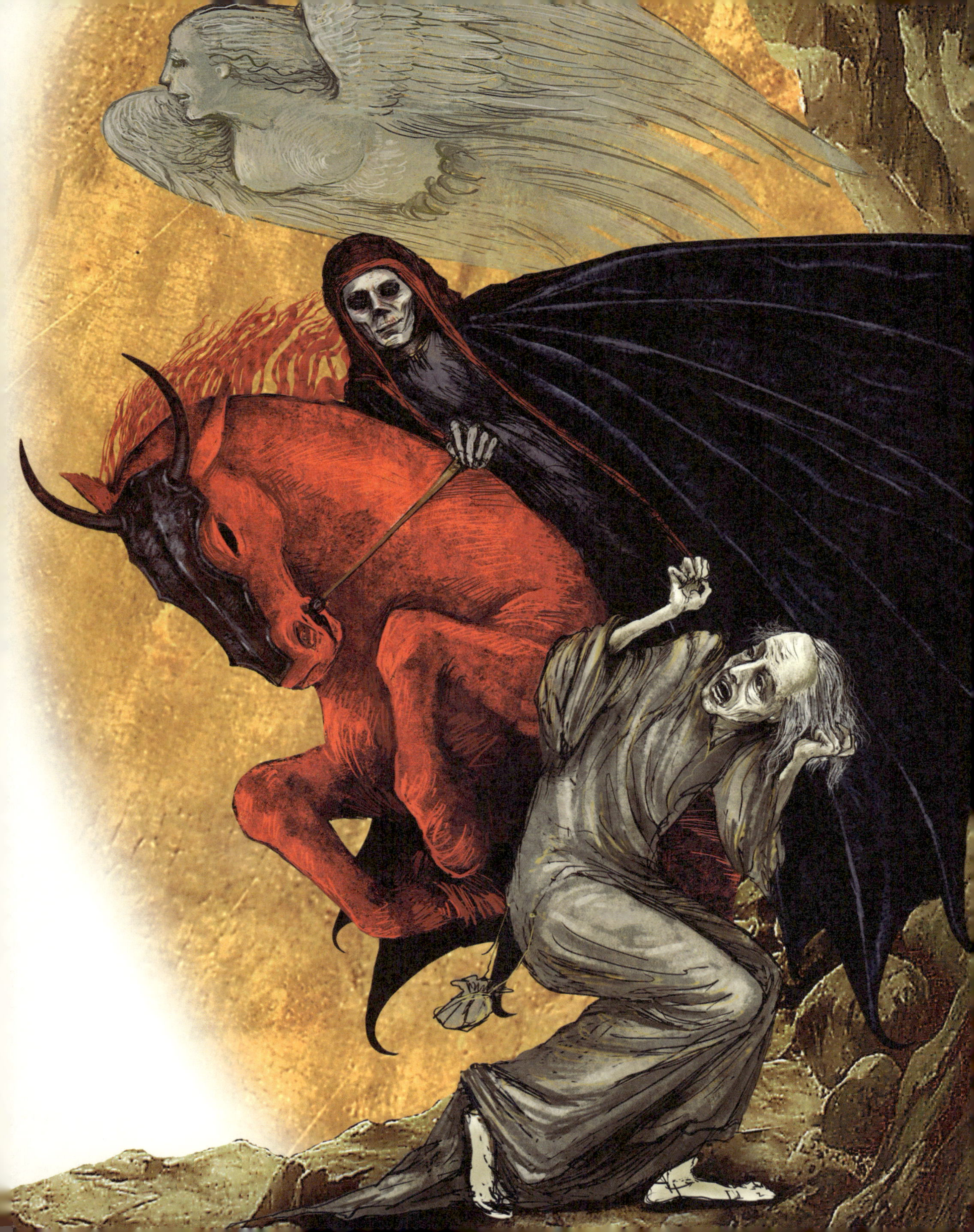

трупами дно оврага, ему было дурно. Он повернулся в сторону леса и пустился бежать. Его преследовали крики погибших, карканье воронов, взвившихся в чёрное небо над оврагом; звуки перемешивались и превращались в страшные стоны, которые невозможно было слушать. Юноше казалось, что за ним следом кто-то бежит, что его догоняет Смерть на своём коне. Лесные животные, которые показались поначалу такими доверчивыми и добрыми, теперь представлялись ему страшными чудовищами, которые, оскалясь, выходили навстречу из-за деревьев. Юноша бежал долго, перепрыгивая пни и цепляясь за ветки, силы уже покидали его. Вдруг он услышал:

— Обернись!

Он повернул голову и увидел своё отражение в серебряном зеркале, которое держал неизвестный мужчина.

— Узнаёшь его? — спросил мужчина. — Это он причина гибели всех этих людей.

Молодой король проснулся, ему в глаза бил яркий свет. Наступил важный для него день. Сегодня он должен взойти на престол. В Соборе его коронуют. Но воспоминания о ночных сновидениях не давали юноше покоя.

Образы людей в подвале, сырость стен, лицо того раба, который умер в лодке, гримасы Смерти и Жадности не покидали его. Юноша подошёл к открытому окну, вдохнул свежий воздух, услышал пение птиц в саду. Вдруг перед его глазами вновь предстала картина страшного леса и оврага. Он ощутил запах, витавший над поляной.

Вдруг он вспомнил те недавние времена, когда сам был бедняком, вспомнил человека, которого всегда считал своим отцом и который продолжал жить в захудалой хижине пастуха, вставать с восходом солнца и ложиться глубокой ночью. «Нет, я не надену этого наряда, украшенного драгоценностями, которые добыты трудом и смертью людей, многих сотен людей. Я не имею на это права, ведь я такой же, как они. Если будучи королём я позволю твориться такому безобразию, то Рабство, Голод, Нищета, Смерть и Жадность никогда не покинут мою страну», — так думал молодой король. Затем он надел свою самую обыкновенную одежду, в какой ходят простые люди, и отправился в Собор на Коронацию.

Придворные молодого короля остолбенели, когда он появился перед ними не в прекрасном богатом наряде, а в обыкновенных лохмотьях. Они решили, что юноша сошёл с ума от счастья, свалившегося на него. Подумать только: был пастухом, а стал королём! Кто-то даже спросил:

— Господин, вы не забыли, что сегодня Великий день?

— Нет, я помню, — ответил юноша. — А что вас смущает? Моя одежда? Зато эта одежда не добыта путём страдания многих людей, а сделана моими собственными руками! Я считаю, что именно так подобает одеваться королю. Я такой же, как все жители моей страны, я ничем не лучше их. А сейчас следуйте за мной в Собор.

Но никто из прислуги даже не шелохнулся, все только молча проводили взглядами юношу до ворот дворца.

Молодой король сел на своего коня и отправился в сторону Собора. Люди на улицах высказывали своё негодование по поводу внешнего вида короля. «Если король выглядит, как простолюдин, то чем же он лучше нас? — возмущались они. — Тогда каждый из нас может стать королём! Мы привыкли думать, что наш король лучше, умнее, ведь на то он и король, чтобы править нами, глупыми бедняками. А как может править этот юный сумасшедший, выглядящий хуже некоторых из нас?» Под недовольные возгласы толпы, постепенно окружавшей его, юноша добрался до Собора. Его встретил священник.

Тут молодой король взошёл на лестницу Собора и, обратя взор в сторону собравшихся людей, рассказал всем о своих ночных видениях. Но, к его удивлению, никто из бедняков не поддержал его. Они даже не поняли смысла рассказанного. Многим то, что привиделось юноше во сне, было знакомо, для них это было повседневной жизнью. Ежедневно они трудились: кто-то шил одежду, кто-то добывал драгоценности. Их настигали болезни, многие умирали. Но это было частью жизни, реальностью.

Тогда священник решил поговорить с молодым человеком. Они вошли внутрь Собора.

– Послушайте, Ваше Высочество, – начал священник. – Вы должны понять, что хоть все люди и созданы Богом одинаковыми, на самом деле являются очень разными. Вот вы говорите, что вы такой же, как все. Представьте, если все вдруг станут королями, что тогда будет? Кто будет работать, добывать золото и драгоценности, заниматься торговлей, пасти скот? Или же, если мы все начнём работать, как простолюдины, то кому нужна будет эта работа? Кто будет её оплачивать? Вы созданы Богом, чтобы править, вот и занимайтесь своим делом.

Юноша выслушал священника и сказал:

— Если бы мы, люди, сами не придумали все эти законы, по которым одни работают, а другие платят, не придумали эти наряды, разукрашенные драгоценными камнями, жемчугами и золотом, не придумали, что кто-то из нас лучше, а кто-то хуже, так и не знал бы мир таких пороков, как Рабство, Жадность, Нищета. А теперь остаётся лишь молиться о спасении душ наших. – И юноша преклонил колено перед алтарём.

Священник не знал, что ответить. Он считал, что молодой человек в столь юном возрасте ещё не может понять всех законов, по которым живут люди, пусть даже он и король. Он хотел уже было уйти и оставить его наедине с Богом, чтобы тот вразумил его, но вдруг помещение залилось светом и лучи озарили фигуру юноши. Священник и толпа бедняков увидели, как откуда-то сверху на короля опустилась мантия. Она была соткана из света. На голове юноши появилась корона, а в руке у него оказался скипетр. И всё это было настолько прекрасным! Ничего подобного не создал бы самый искусный портной. Молодой король был похож на чудесный светлый цветок, который раскрылся из бутона на глазах у всех. Он светился счастьем и дарил его всем вокруг.

Священник вытер пот со лба, опустился на колени и произнёс:

– Вы коронованы Им, господин, – и он поднял указательный палец вверх. – Вы настоящий король, и у вас будет славная жизнь, полная добрых дел. Вы – наш добрый Ангел.

Стинфольская пещера

Давно ходит по миру этот рассказ, и никто не знает, правда это или вымысел, но легенду о Стинфольской пещере слышали многие.

Случилось всё в далёкой стране Шотландии. В давние времена большинство жителей той страны зарабатывали на жизнь тем, что ловили и продавали рыбу. И тот, кто был помудрей, не завышал слишком цену на свой товар, что давало возможность привлечь постоянных покупателей. Одним из таких торговцев был Вильм. Он добросовестно трудился, торговал качественным товаром и так заработал доверие среди жителей. Число покупателей росло, и вот уже Вильм стал достаточно обеспеченным человеком.

Нужно отметить, что это был очень уверенный в себе человек. Он привык всегда добиваться той цели, которую ставил перед собой. Но вместе с тем он слишком любил деньги. А, как известно, жадность никого ещё до добра не доводила. В какой-то момент желание становиться всё богаче и богаче переросло у рыбака в навязчивую идею. И даже его верный друг и помощник Каспар не мог уже вразумить Вильма — он постоянно был озабочен поиском неизвестного источника богатства. Он не хотел больше в любую погоду — и в дождь, и в зной — выходить на лодке в море и ловить рыбу.

Вильм и Каспар уже долгие годы были верными соратниками. Семейная жизнь у обоих была не слишком счастливой, и вот уже несколько лет друзья жили вдвоём в одном доме, чтобы проще было прокормить себя; трудились они тоже вместе. Каспар был помягче характером, чем Вильм. Он не мечтал о безумном богатстве, а благодарил Господа за то, что имел. Но перечить другу он не хотел, потому что очень любил Вильма и считал его умнее и рассудительнее себя. Поэтому он предпочитал вообще не говорить с ним о деньгах.

Когда Вильм окончательно перестал общаться с внешним миром и постоянно думал лишь о богатстве и методах его заполучения, Каспар продолжал тихо и усердно работать.

Однажды, сидя в глубоких думах на берегу моря, Вильм заметил что-то блестящее в воде. Когда он подошёл ближе, то понял, что это кусочек золота. Радости Вильма не было предела — он прыгал на песке, как ребёнок, прижимал к сердцу и целовал столь долгожданный подарок судьбы. Но остановиться на этом рыбак не хотел. Событие это произошло недалеко от известной в тех местах Стинфольской пещеры. О ней ходила недобрая слава. Поговаривали, что много-много лет назад в её окрестностях затонул корабль, полный золотых слитков и драгоценных монет. И с тех самых пор рыбаки, которые выходят ночами на промысел, слышат навевающие страх голоса и шумы, идущие из пещеры.

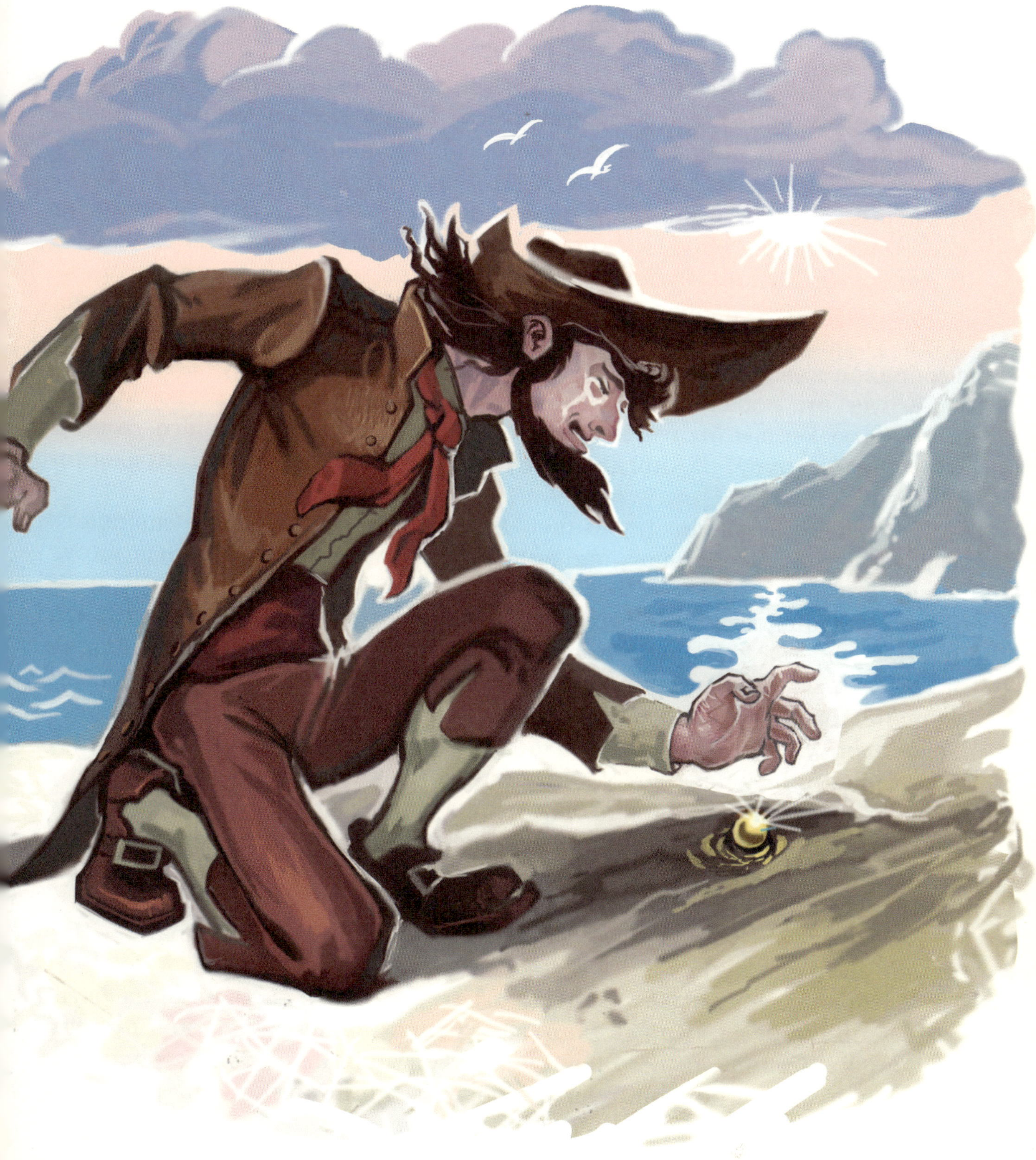

Эти знания не остановили Вильма. Однажды под вечер, чтобы никто из жителей городка не увидел его и не опередил, он отправился к пещере.

Пещера была опасна тем, что в ней практически не было выступов, за которые можно было бы держаться во время спуска. Она была очень глубокой, и на дне плескалось море. Однако, рискуя собственной жизнью, Вильм начал спуск в пещеру. Пройдя некоторый путь, он решил присесть на выступе скалы и отдохнуть. Неожиданно он услышал чей-то голос, а скорее — шёпот, который шёл из ниоткуда и приводил в ужас. Сначала рыбак подумал, что он просто слишком устал и ему померещилось, но шёпот повторился. И теперь мужчина явно услышал: «Кармилхан». Вильмом овладел дикий страх, он взобрался наверх за считанные секунды и пустился наутёк.

Когда он добежал до дома, Каспар был поражён его видом: настолько Вильм был испуган. Он ещё долго не мог ничего толком объяснить другу. А когда поведал рассказ, то Каспар предостерёг его:

— Будь осторожен, дружище! Это нечистая сила хочет завладеть твоей душой. Не поддавайся никаким искушениям, которые вдруг встретишь на пути.

Но любопытство Вильма было намного сильнее его страха. Он решил узнать, что значило то слово «Кармилхан». И вновь ближе к ночи рыбак отправился в Стинфольскую пещеру. Подходя к пещере, Вильм присел на песок на берегу моря, чтобы собраться с мыслями. Вдруг в нескольких метрах от берега он увидел лодку. Она приближалась, и вот уже мужчина рассмотрел какую-то фигуру в ней. Когда лодка причалила, рыбак увидел в ней старика. Что-то неприятное и страшное было в его внешности: его лицо не выражало никаких эмоций. Он протянул руку в сторону Вильма и произнёс каким-то пугающим шёпотом: «Кармилхан».

— Что это? — обратился к нему мужчина, преодолев страх. — Что такое «Кармилхан?»

— Корабль, — тем же шёпотом ответил старик. — Хочешь разбогатеть — приходи на «Кармилхан». Глубокой ночью ты должен прийти ко входу в Стинфольскую пещеру, у тебя должна быть шкура зверя. Возьми с собой кого-нибудь в качестве помощника. На скале он

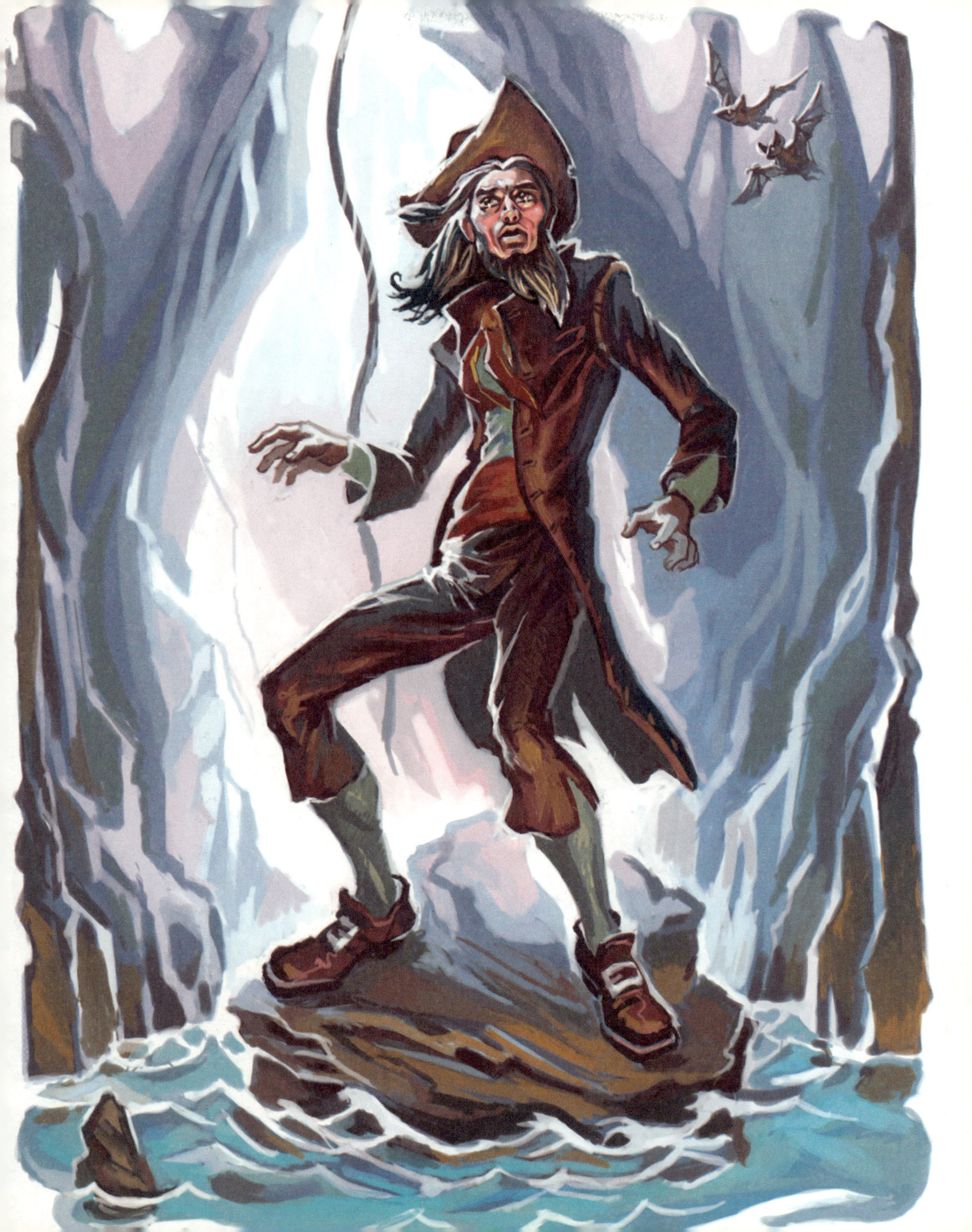

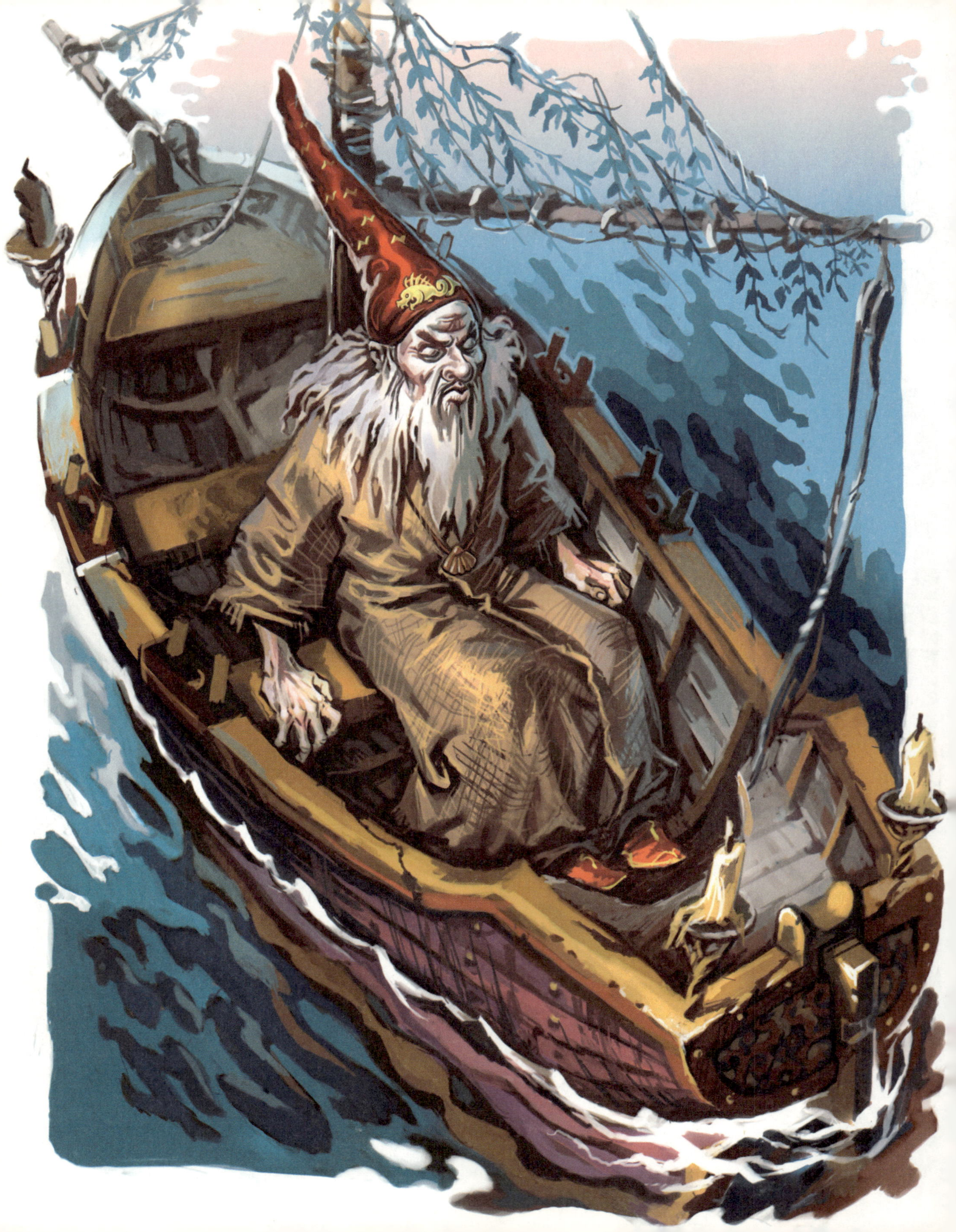

должен будет обернуть тебя этой шкурой и связать верёвками так, чтобы ты не мог выпутаться. А спутника своего отправишь домой. Затем устройся поудобней на скале и жди. Не нарушай этот обряд, если хочешь богатств. На «Кармилхане» много денег, и уже не один десяток лет они ждут, когда за ними придут.

Сказав эти слова, старик молча сел в лодку и исчез в нависшем над морем тумане.

Вильм не сомневался, что совершит предложенный ему обряд. Все запасы, которые были у них с Каспаром, подходили к концу, и надо было доставать где-то средства к существованию. А общение с нечистой силой не пугало рыбака. Главным для него было несметное богатство «Кармилхана».

Следующей ночью Вильм взял крепкий канат, шкуру животного и попросил Каспара проводить его до пещеры. Каспар отказывался и умолял друга не вступать в сговор с тёмными силами. Все уговоры были бессмысленны. Вильм мечтал вслух:

— Представляешь, друг, когда я достану сокровища корабля, мы сможем уже не заниматься ловлей рыбы. У нас хватит денег на то, чтобы покупать её в достаточном количестве. Мы каждый день будем обедать в лучших заведениях города. Мы построим большой дом и женимся. Уж за богатых господ местные дамы с удовольствием выйдут замуж. У нас родятся наследники, и мы доживём свой век в покое и счастье.

Эти слова подействовали на Каспара, и он согласился помочь другу. Когда мужчины подходили к назначенному месту, Каспара мучило нехорошее предчувствие, он постоянно оборачивался: ему казалось, что за ними кто-то следит. Он дрожал то ли от холода, то ли от страха, ему мерещились какие-то голоса и жуткий смех. Ему казалось, что он сходит с ума.

Но вот друзья добрались до места, которое назвал старик. Каспар был настолько напуган жуткой обстановкой и спускающимся туманом, что не мог выговорить ни слова; он просто выполнял приказы Вильма. Он обернул вокруг него шкуру и туго затянул её канатами. Затем помог товарищу поудобнее сесть, так, чтобы было видно морскую гладь, — Вильма всегда успокаивал вид воды.

— Всё, друг мой, — сказал Вильм, — теперь ступай. Я должен быть здесь один.

Каспар послушно исполнил повеление друга, со слезами на глазах и выражением глубокого горя на лице он ушёл в туманную даль.

Сколько времени прошло с тех пор, как ушёл Каспар, Вильм не знал, но его тело ужасно ныло и болело из-за канатов. Он решил прилечь, чтобы хоть как-то распрямить руки и ноги, ведь встать он не мог. Вильм лёг на скалу и повернул голову в сторону моря. Морская гладь, которая всегда успокаивала его, теперь наводила страх. В тумане Вильму постоянно что-то мерещилось. Наверное, у него был жар, потому что он слишком много времени провёл на холодном ветру. Ему вспоминалась вся его жизнь, городской рынок, на котором он торговал рыбой, и сама рыба, и ему был омерзителен её запах. Потом ему вспомнились зимние вечера у камина, которые коротали они с Каспаром за бокалом хорошего вина.

Вдруг шум воды и крики нарушили воспоминания Вильма. Он посмотрел на море и ужаснулся. Он увидел большой старинный корабль, с которого на берег сходили люди. Их было много, и они кричали, плакали и тянули к нему руки. Люди пошли в сторону Вильма, они быстро приближались. От толпы отделился человек в капитанской форме, которую носили в прошлом веке. Он подошёл к Вильму и представился:

— Меня зовут капитан Алдрет-Франц ван дер Свельдер. А это мои помощники, — и он указал рукой в сторону стоящих за ним людей. — Я знаю, зачем ты здесь. Ты хочешь завладеть моими сокровищами. Что ж, бери, мне они уже ни к чему, я покоюсь на дне морском. Впрочем, сокровища находятся там же. И чтобы их достать, ты должен отправиться на дно Стинфольской пещеры. Там и встретимся. — И капитан вернулся к своей свите. Под его громкий хохот и душераздирающий плач вся команда удалилась.

Вильм долго не мог прийти в себя после увиденного и услышанного. Он ещё полежал какое-то время на скале, потом не торопясь начал избавляться от опутывающего его каната. Примерно через полчаса он освободился и пошёл по дороге к дому.

Каспара он нашёл лежащим на своей кровати и смотрящим в потолок немигающим взглядом. Когда он понял, что Вильм вернулся,

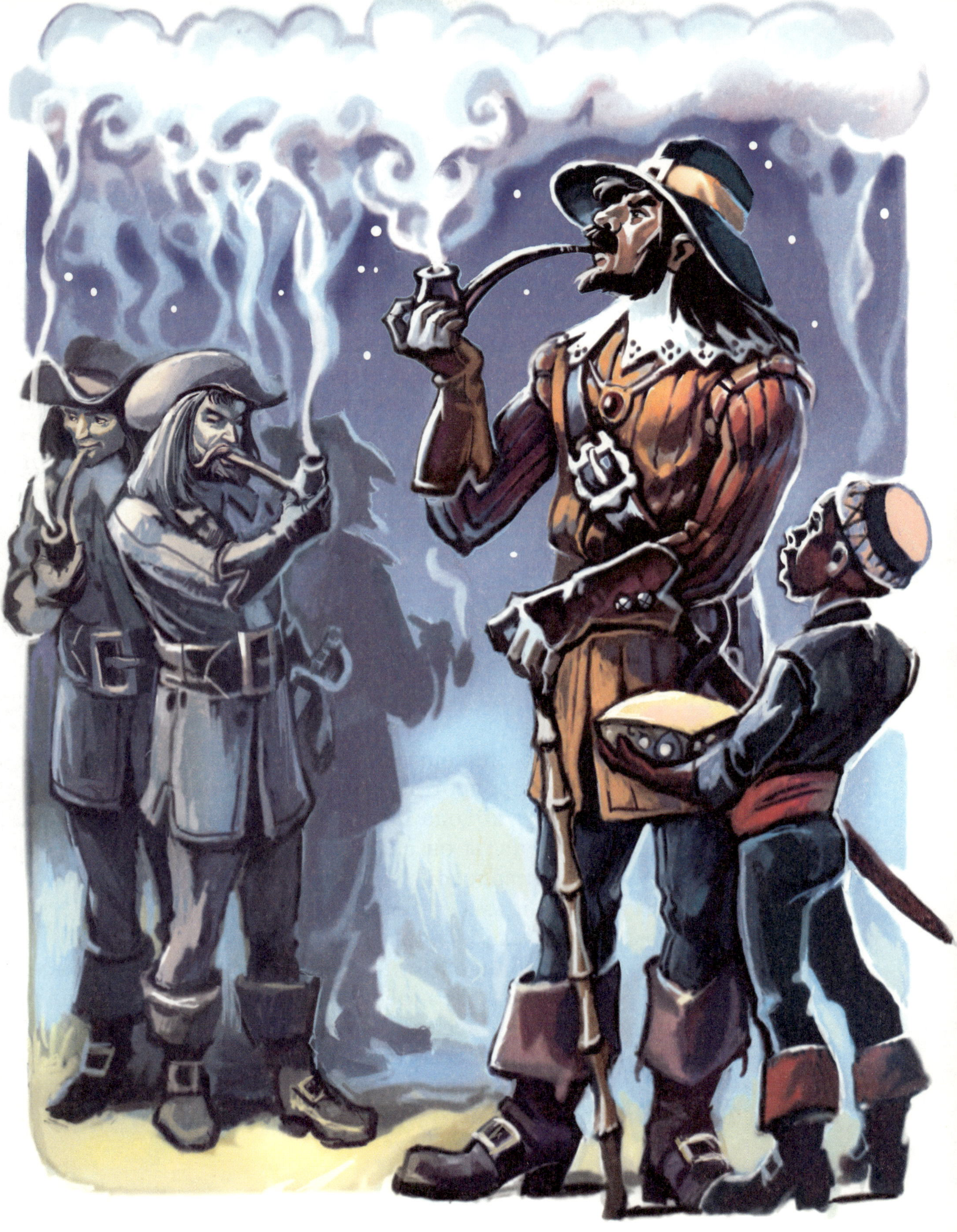

он зарыдал от радости и бросился обнимать друга со словами:

— Ну что, дорогой товарищ, теперь всё? Твои приключения закончены? Если ты здесь, значит, нечистая сила не смогла завладеть твоей душой?

— Нет, Каспар, всё только начинается. Теперь я точно знаю, где находятся сокровища корабля, и я их достану. Но это завтра. Завтра, мой друг, мы станем богаты, а сейчас спать... спать.

Следующим вечером друзья отправились в Стинфольскую пещеру. Каспар решил поддерживать Вильма до конца, что бы ни случилось. Они долго добирались до места. Как будто сам Бог не хотел, чтобы они исполнили задуманное. Сначала они решили на всякий случай зайти на рынок, где Каспар когда-то торговал рыбой. Ему почему-то захотелось повидать старых знакомых. И запах рыбы уже не казался ему таким отвратительным, как в прошлую ночь на скале. Он вдруг подумал о том, чтобы вернуться к прошлой жизни, но эта мысль быстро покинула его. Затем друзья решили немного подкрепиться перед долгой дорогой, и на последние деньги они купили себе обед в одной из харчевен. Так прошло немало времени, и стало уже совсем темно, когда они подошли к пещере.

Предстояло ещё взобраться на самый верх скалы, чтобы оттуда спуститься на дно пещеры. Решено было, что Вильм спустится вниз в поисках сокровищ, а Каспар вытащит его наверх, когда придёт время. Так и поступили.

Вильм спустился на дно пещеры и нырнул в воду. Она была холодной, и мужчина сразу продрог до костей. Он нырнул ещё и ещё раз, у него начало сводить от холода ноги. Но он не останавливался. Вдруг у противоположной скалы он заметил что-то сверкающее. Он подплыл поближе — это был золотой слиток.

— Ура! — воскликнул Вильм. — Я на верном пути. Каспар, ты слышишь? Ещё немного, и мы богачи!

Вдруг вода стала ещё холоднее. Вильм решил нырнуть как можно глубже, он был уверен, что найдёт ещё много слитков. Он выбрался на уступ скалы, поднял голову вверх и крикнул:

— Каспар! Знай: уже сегодня мы будем сидеть у камина и пить наше любимое вино! — И он нырнул.

Больше Каспар не видел своего друга. Он звал, хотел сам спуститься на дно пещеры, но понимал, что его поднять наверх будет некому. В полном отчаянии он вернулся домой.

С той ночи прошло несколько месяцев. Каспар каждый день ходил к пещере, сидел на скале и смотрел в морскую даль. Иногда ему казалось, что он видит на море огромный старинный корабль. А однажды к нему подошёл дряхлый старик с каменным лицом и сказал:

— Тебе тоскливо, я вижу это. Я скажу тебе, что нужно делать: поступай так, как говорит тебе сердце.

Когда старик ушёл, Каспару послышался голос. Это был голос его друга, он не мог ошибиться. И он говорил:

— Я скучаю по тебе, не оставляй меня одного здесь, на дне.

Этого Каспар выдержать не смог. Он сбросился вниз со скалы, обрамляющей Стинфольскую пещеру.

В команде капитана ван дер Свельдера стало на двух человек больше.

Так заканчивается рассказ о Стинфольской пещере.

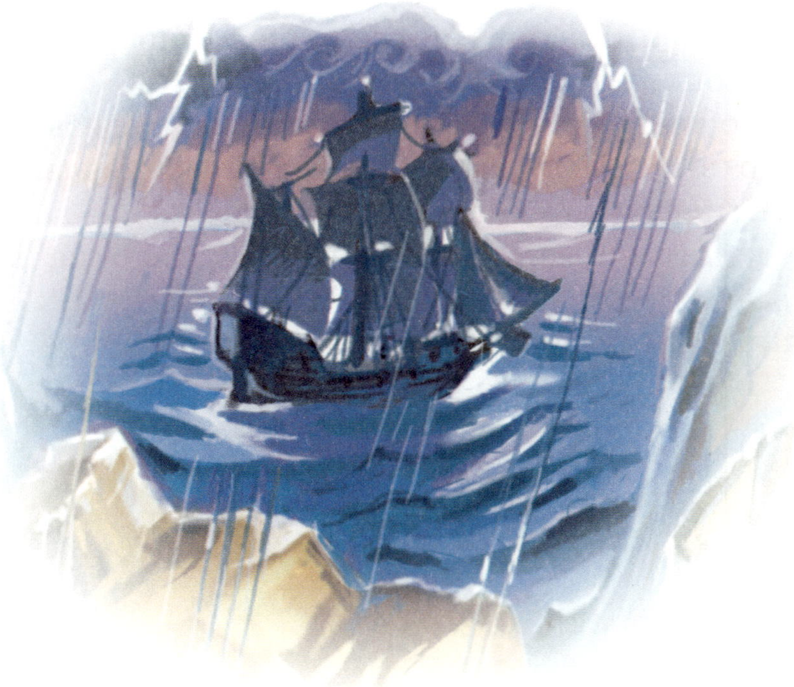

Калиф Аист

Всё, о чём пойдёт далее речь, случилось в чудном городе Багдаде. Правил им тогда калиф Хазид.

Одним прекрасным солнечным днём калиф, как обычно бывало в послеобеденное время, отдыхал на своей любимой софе, расположенной на террасе. Его глаза наслаждались видом изумительной красоты садов дворца. В их зелени пели птицы, услаждая слух его, а по лужайкам гуляли гордые павлины. Аромат чёрного кофе, смешиваясь с запахом хорошего табака, доставлял удовольствие и дурманил. Итак, калиф наслаждался природой и жизнью.

— О Великий мой повелитель, — вдруг услышал Хазид, — прошу вас уделить мне всего несколько секунд драгоценного вашего времени. Да благословит вас Аллах!

Калиф неспешно повернул голову и увидел на пороге террасы своего великого визиря, склонившего стан свой в глубоком поклоне.

— Говори, Манзор! — позволил Хазид.

— О господин мой! Там внизу, у порога дворца вашего стоит торговец. И такие он вещи чудные предлагает! Если бы обладал я достаточными средствами, непременно приобрёл бы пару диковинок. Не желает ли Ваша светлость взглянуть одним глазком на красоты сии?

— Почему бы не доставить удовольствие глазам своим, великий визирь? Пойдём посмотрим вместе на чудеса заморские.

Визирь и калиф спустились к воротам. Торговец был ничем не примечательный, такой же простолюдин в тёмном платье, как и все остальные, кто каждый день приходил ко дворцу Великого калифа с надеждой выручить пару монет.

Однако, когда глазам калифа предстали все диковинки, которые предлагал торговец, стало понятно, что этому скитальцу сегодня повезло. Калиф, как любой богатый человек Востока, любил окружать себя красивыми и дорогими вещами. Увидев в сундуке торговца оружие, изукрашенное драгоценными каменьями и диковинной резьбой, калиф тут же купил по ножу для себя и для друга своего — визиря. Кроме этого, он приобрёл ещё несколько не столь значительных вещиц просто для удовольствия своего. Уж собирался Хазид распрощаться с торговцем, как заметил в его сундуке небольшой ящичек.

— А что же в этом ящичке хранится? — спросил калиф торговца.

— Повелитель мой, да я даже не знаю, что там такое. Это вручил мне один купец. Я и не знаю назначения тех предметов, да выбросить жалко. Вдруг встретится кто-то, кому они понадобятся.

И торговец достал из ящичка свёрток с какими-то письменами на непонятном языке и небольшую сумочку с порошком тёмного цвета.

Хазида заинтересовали эти предметы. Он любил собирать разные непонятные вещицы. Он складывал их в определённой комнате, куда входил только он один, и иногда рассматривал их, перекладывал с места на место. Так он казался себе ещё более могущественным и просвещённым.

Посоветовавшись с визирем, калиф приобрёл у торговца и свёрток с порошком.

Любопытство не давало калифу Хазиду покоя. Тогда он обратился к верному визирю:

— Скажи мне, друг мой, есть ли в нашем благословенном городе учёный человек, который смог бы прочесть сей непонятный язык?

— Да, господин мой. Зовут его Селим. Он живёт недалеко от мечети. Говорят, он самые необычные языки знает.

В тот же день визирь пригласил Селима во дворец, и все трое — калиф, визирь и Селим — принялись изучать странные рукописи, купленные у уличного торговца.

Через долгое время Селим воскликнул:

— Я понял, Великий калиф! Это латинский текст. И сообщается здесь следующее:

«Человек, нашедший это, знай, что ты — счастливец! Ты держишь великое чудо в своих руках. Будь осторожен с ним. Порошок, который видишь ты в мешочке, заключает в себе волшебство необычайное. Любой, кто понюхает порошка этого и произнесёт: "Мутабор", сей же момент превратится в любое живое существо, в какое только пожелает, и сможет понимать язык зверей и всяких остальных тварей. Главное, человек, запомни: кто рассмеётся, пребывая в состоянии нечеловеческом, тому уже не вернуть никогда облик свой истинный, ибо слово волшебное сотрётся тогда из памяти. Когда же захочешь ты вновь в человека обратиться, то поклонись три раза востоку и произнеси снова слово заветное. Да хранит тебя Аллах!»

В глубоком удивлении и волнении пребывали все трое читавших рукопись. Долго не решались они ничего сказать. Затем калиф изрёк:

— Благодарю тебя, Селим! Жалую я тебе награду за услугу твою и прошу не выдавать тайны нашей никому.

Получив мешочек монет от калифа, учёный старец отправился домой. А калиф и визирь, не сомневаясь ни секунды, решили опробовать на себе действие нюхательного порошка.

— Завтра же жду тебя рано утром, Манзор, – объявил Хазид. – Не терпится мне убедиться в словах старца.

Утром, только пробудившись ото сна и даже не выпив свой утренний крепкий кофе, калиф вышел на террасу в ожидании прихода визиря. Как только тот появился, они, не мешкая ни секунды, отправились погулять по окрестным полям и лугам в поисках интересных птиц и животных, которыми им хотелось бы стать.

Проходя через обширные сады Хазида, и визирь, и сам калиф любовались порхающими вокруг птицами, прыгающими по деревьям белками, но никак не могли найти животное, в которое им захотелось бы превратиться. Но вот они вышли на берег небольшого озера, по которому гуляли две странные птицы,— на тонких длинных ногах, с большими клювами.

— Это, верно, аисты, мой повелитель, — предположил визирь. — Я слышал, что в этих местах водятся такие птицы.

— Интересно, о чём они говорят, — сказал Хазид. — Может, станем аистами, Манзор?

— Хотел бы я посмотреть на вас в птичьем обличье, повелитель!

Калиф достал сумочку с волшебным порошком, понюхал сам и дал визирю. Затем оба сказали: «Мутабор» — и тут же вместо калифа и визиря на берегу возникли ещё два аиста.

— Какой у вас чудной вид, господин! — отметил визирь. — Вам, несомненно, идут эти мягкие белые перья, а этот клюв делает вас более мужественным. Давайте же подойдём поближе к нашим новым сородичам. Сможем ли мы понять их разговор?!

Две аистихи в это время завтракали вкуснейшими лягушками и делились последними новостями:

— Подруга моя, Длинная Ножка, как дела твои, что нового слышно у вас?

— Ох, Щёлкающий Клювик, да я что-то приболела, аппетита совсем нет, всего только половинку лягушки скушала. А вы что так рано завтракаете сегодня?

— А я здесь по очень важному делу, подруга. Сегодня приём устраиваем. Мне нужно подготовиться к встрече гостей, в манерах поупражняться. — И молодая птица грациозно закинула голову назад и пошла вдоль берега.

Визирь и калиф долго смотрели ей вслед, а затем не смогли сдержаться: приступ смеха настиг их обоих. Они так долго хохотали, что даже слёзы выступили на их птичьих глазках.

Когда же они остановились наконец, то вспомнили, чем грозит им такое поведение в образе птиц. И испугавшись страшно, начали они усердно кланяться на восток. Но не вспоминалось им слово волшебное, ничего у них не получалось — человеческий облик не возвращался к ним. Сбылось предсказание.

Тогда, совсем расстроившись и почти смирившись с мыслью, что придётся им весь остаток дней своих провести в птичьем обличье, пошли два аиста — Хазид и Манзор — куда глаза глядят. Так брели они долго, без еды, без питья. Одно только иногда доставляло им удовольствие — полёты над любимым и благословенным Багдадом. Тогда аисты имели возможность наблюдать, что происходит нового в городе, как живёт народ. Особенно интересно было знать калифу, кто займёт его священное место, кого примет простой люд своим новым правителем. Однажды калиф это узнал и пришёл в негодование. Он увидел, что во дворце его живёт сын заклятого его врага — злого волшебника по имени Кашнур — Мицра.

— О Аллах! — воскликнул Хазид. — За что мне такое наказание? Сын злейшего человека на всём свете правит теперь моим любимым городом, живёт в моём роскошном дворце, любуется моими чудными садами. Я не могу допустить этого, я должен вновь стать человеком!

Продолжая свой путь, аисты набрели как-то на заброшенное старинное здание. В нём давно уже никто не жил, и, видимо, остатки фундамента и стен служили приютом для диких зверей, обитающих в округе.

Не успели товарищи переступить порог этого здания, как услышали:

— Слава Аллаху! Я не смела уже и надеяться на своё спасение!

Глазам Хазида и Манзора предстала обыкновенная сова, только говорила она на человеческом языке. Ввиду того, какие чудеса с ними приключились в последнее время, калиф и визирь не были слишком удивлены, когда сова заговорила с ними приятным, струящимся, как вода в спокойной реке, голосом:

— О путники, я — индийская принцесса. Сюда меня заточил Кашнур, известный своими злыми проделками. И сказал он, что сидеть мне в этих стенах до тех пор, пока не придёт мне спасение в виде жениха моего. Долгое время уже живу я здесь совсем одна. И так мне бывает грустно, что плачу я не переставая, вспоминаю свой дом и отца своего.

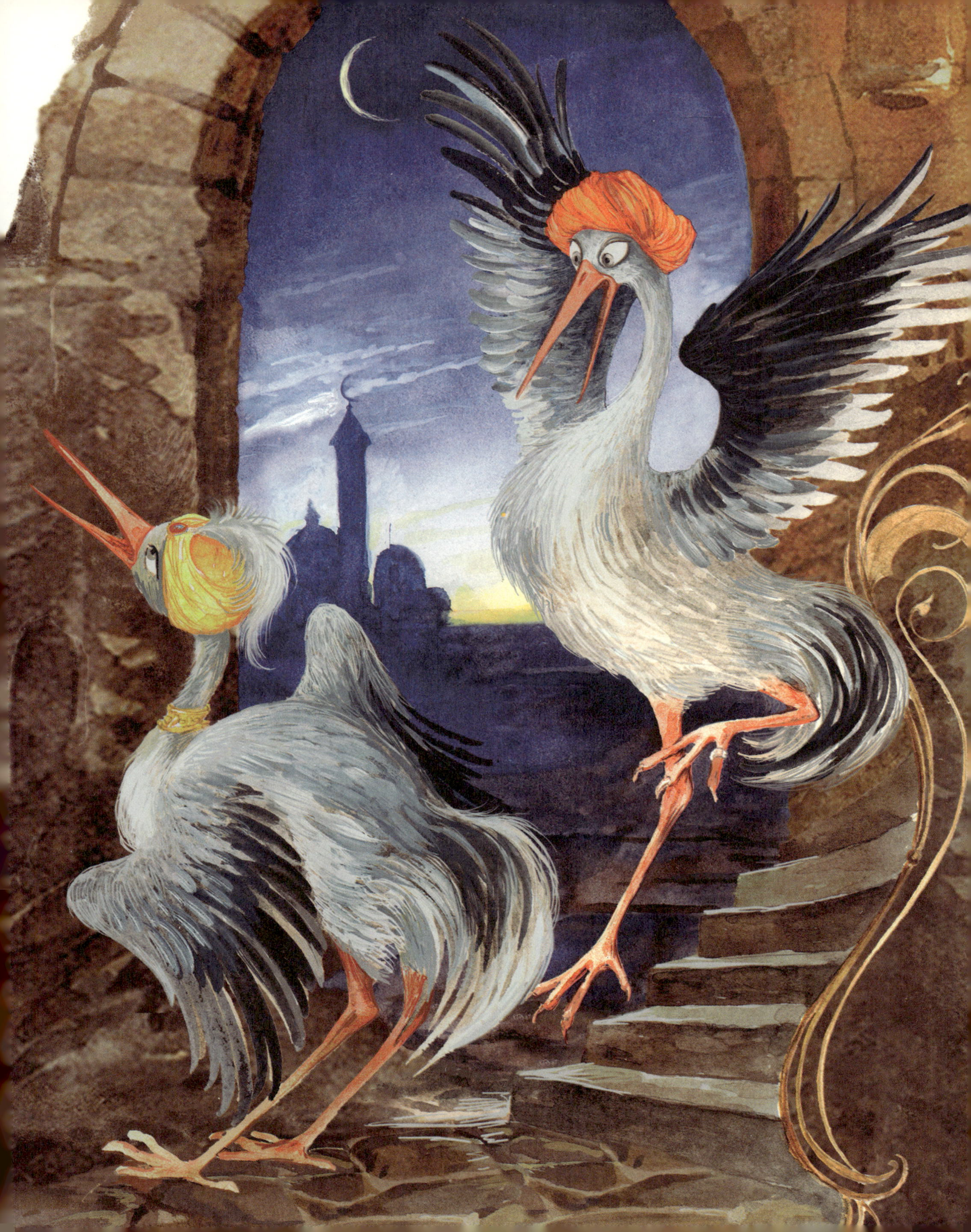

Тяжело мне на сердце. Расскажите же мне, кто вы. Быть может, один из вас и есть судьба моя?

Путники рассказали обо всех необычайных событиях, свершившихся с ними. И поняли аисты и принцесса, что нужно им отомстить своему обидчику. А калифу так приглянулась умная и сладкоголосая птичка, что решил он взять её в жёны, как только обретёт вновь человеческий облик.

Только стали наши скитальцы обдумывать план своего вызволения из плена птичьих тел, как услышали шум в соседней комнате, звон бокалов и громкий смех. Похоже было, что за стеной проходило какое-то собрание. Несколько мужчин выступили по очереди. Но речи их были странными. Каждый хвастался злодеяниями, которые сотворил он за последнее время. И чем неприятнее была для наших скитальцев история, тем веселее и радостнее воспринимали её все собравшиеся в зале.

Осторожно прильнули аисты и сова к стене и услышали голос того самого торговца, который продал калифу необычный порошок. Он говорил:

— Легко удалось мне одурачить этого калифа и верного визиря его. Продал я им порошок нюхательный, загадал слово «мутабор» и научил, как в зверей превращаться.

— Вот оно наше спасение! — воскликнули в один голос Хазид и Манзор, услышав волшебное слово, и принялись тут же кланяться на восток и произносить его. И снова стали их тела человеческими, и вместо неуклюжих птичьих лап оказались на них богато изу-

67

крашенные туфли, и вместо мягких перьев появились на них платья их прежние.

Тут подошла к калифу девушка, сияющая, как сама луна, и сказала, что теперь она навеки будет рядом с ним. Это была та самая сова.

Познав злую шутку судьбы, выбрались странники из дома, даровавшего им спасение, и направились в Багдад.

Сколько радости принесли они людям Багдада своим появлением! Все почитали своего старого калифа и не любили нового – Мицру, сына волшебника Кашнура. Вновь стал Хазид править своим народом, вскоре женился он на индийской принцессе, и можно было видеть вечерами, как сидят они на террасе дворца и любуются своим чудным садом.

Визирь остался лучшим другом Калифа. Часто собирались они семьями и вспоминали былые приключения.

Что же касается Кашнура и Мицры, то они исполнили приказание калифа Хазида и понюхали того самого тёмного порошка. Свой век дожили они в обличье нечеловеческом на потеху всем обитателям дворца.

Принц-Самозванец

Жил-был скромный портной по имени Лабакан. Ремеслу своему научился он у опытного мастера в Александрии, и никто не смел сказать, что Лабакан неискусно владеет иглой. Наоборот, он выполнял даже самую тонкую работу.

Временами Лабакан мог часами шить, не отрываясь, так, что игла накалялась у него в руке и начинала дымиться нитка. Иногда, это случалось чаще, сидел он в задумчивости, устремив неподвижный взгляд вдаль.

По пятницам Лабакан любил гордой поступью прогуливаться в своём единственном красивом наряде по улицам города, представляя себя принцем.

И вот однажды брат султана, проезжая мимо Александрии,

отдал портному свою праздничную одежду для какой-то переделки. Долго стоял Лабакан перед зеркалом, любуясь блеском вышивки и переливами бархата. И, вообразив себя самым настоящим принцем, решил отправиться в дальние края.

По дороге к нему присоединился незнакомец и попросил разрешения продолжать путь вместе. Он оказался весёлым юношей и сказал, что зовут его Омаром и что он путешествует, дабы выполнить наказ, данный ему дядей на смертном одре. А Лабакан не стал рассказывать о своих обстоятельствах, дав понять этим, что происхождения он знатного.

Молодые люди пришлись друг другу по вкусу и продолжали путь вместе. На следующий день их совместного путешествия Лабакан спросил своего спутника о наказе, который тот должен был исполнить, и очень удивился рассказу.

Эльфи-бей, каирский паша, воспитывал Омара с раннего детства, и тот совсем не знал своих родителей. Но когда на Эльфи-бея напали враги и после трёх неудачных сражений смертельно раненному паше пришлось бежать, он открыл своему воспитаннику, что тот не его племянник, а сын могущественного государя, который из страха перед пророчествами своих звездочётов удалил юного принца от себя, дав клятву, что увидит его только в день его двадцатидвухлетия.

Имени отца Эльфи-бей так и не назвал, но твёрдо наказал прибыть на пятый день будущего месяца рамадана, когда ему как раз и исполнится двадцать два года, к знаменитой колонне Эль-Зеруйя, что в четырёх днях езды на восток от Александрии. Там он увидит людей, которым вручит данный ему Эльфи-беем кинжал, сказав: «Я тот, кого вы ищете». Если они ответят: «Хвала пророку, сохранившему тебя», то он должен следовать за ними, и они приведут его к отцу.

Портняжка был очень удивлён всем этим рассказом; с этих пор он стал смотреть на принца Омара завистливыми глазами.

Он стал сравнивать себя с принцем и с трудом признавал, что у того весьма располагающая наружность, прекрасные живые глаза, красивые черты носа, мягкое, приветливое обхождение – словом, все внешние достоинства, какими только можно было расположить к себе каждого. Но, даже видя у своего спутника так много достоинств, Лабакан всё же считал, что такая личность, как он, может показаться могущественному государю желаннее, чем настоящий принц.

Подобные мысли преследовали портняжку Лабакана весь день, с ними он и уснул на очередном привале. Когда же он утром проснулся и взгляд его упал на спящего рядом с ним Омара, которому ничто не мешало спокойно спать и грезить об уготованном ему счастье, у него зародилась мысль хитростью или силой добиться того, в чём ему отказала неблагосклонная судьба. Кинжал, это отличительное доказательство возвращающегося на родину принца, был заткнут за пояс спящего. И Лабакан потихоньку вытащил его, чтобы вонзить в грудь хозяина.

Однако мысль об этом возмутила миролюбивую душу портного; он был рад тому, что смог завладеть кинжалом. Он сразу же оседлал резвую лошадь принца и ускакал прочь. А когда Омар проснулся, увидел, что его вероломный спутник успел опередить его уже на много миль.

Ограбление принца произошло как раз в первый день священного месяца рамадана, так что у Лабакана было ещё четыре дня, чтобы в назначенный срок явиться к Эль-Зеруйю. Лабакан очень спешил, так как боялся, что настоящий принц его нагонит.

К концу второго дня он издали увидел колонну Эль-Зеруйя.

При виде её сердце Лабакана забилось сильнее; нечистая совесть вселяла в него некоторое смущение, и он уверенно направился к своей цели.

У подножия холма шестеро мужчин стояло вокруг важного старца; на нём был великолепный парчовый кафтан, белый тюрбан, осыпанный драгоценными камнями, что свидетельствовало о его высоком сане.

Лабакан подошёл к нему, низко поклонился и сказал, протягивая ему кинжал, заветные слова:

– Я тот, кого вы ищете.

– Хвала пророку, сохранившему тебя! – отвечал старец со слезами радости. — Обними своего отца, сын мой Омар.

Чувствительный портняжка был очень растроган этими словами. Он бросился в объятия старого государя в порыве радости, смешанной со стыдом.

Вместе с отцом Лабакан отправился во дворец.

Наконец они прибыли во владения султана. Султанша, пожилая почтенная женщина, ожидала их со всем своим двором, она не видела сына с самого дня его рождения. И когда портного представляли султанше, в залу ворвался принц Омар, преследуемый стражниками. Задыхаясь, упал он к подножью трона.

— Вот мой сын, он и никто другой! — закричала султанша, указывая на Омара.

Султан приказал силой вытащить несчастного Омара из залы, сам же с Лабаканом проследовал к себе в покои, полный злобы на султаншу.

Султанша очень горевала из-за случившегося. Она не сомневалась, что в вещих снах видела того несчастного юношу.

Немного успокоившись, она стала обдумывать, как бы убедить султана в том, что он неправ. Это было нелегко, но одна умная старуха поделилась одним средством.

Совет пришёлся султанше по вкусу, и она сделала вид, что уступает султану и готова признать сына, но только назвала условие.

— Мне хотелось бы испытать ловкость обоих. Пусть каждый сошьёт по кафтану, а мы посмотрим, кто сделает лучше.

Султану это условие показалось забавным, и он согласился.

Обоим отвели две комнаты: одну для принца, другую — для портного, там должны были они показать своё искусство.

Султану было очень любопытно, какой такой кафтан изготовит его сын, но и у султанши тревожно билось сердце. На третий день Лабакан развернул своё изделие, а Омар с негодованием бросил об пол шёлк и ножницы:

— Меня учили обуздывать коня и владеть саблей, а не шить кафтаны.

— О, сын моего господина! — воскликнула султанша. — Дай мне обнять тебя, дай назвать тебя сыном! Простите, мой супруг и повелитель, — обратилась она к султану, — что я схитрила. Разве вы не видите теперь, кто принц, а кто портной?

73

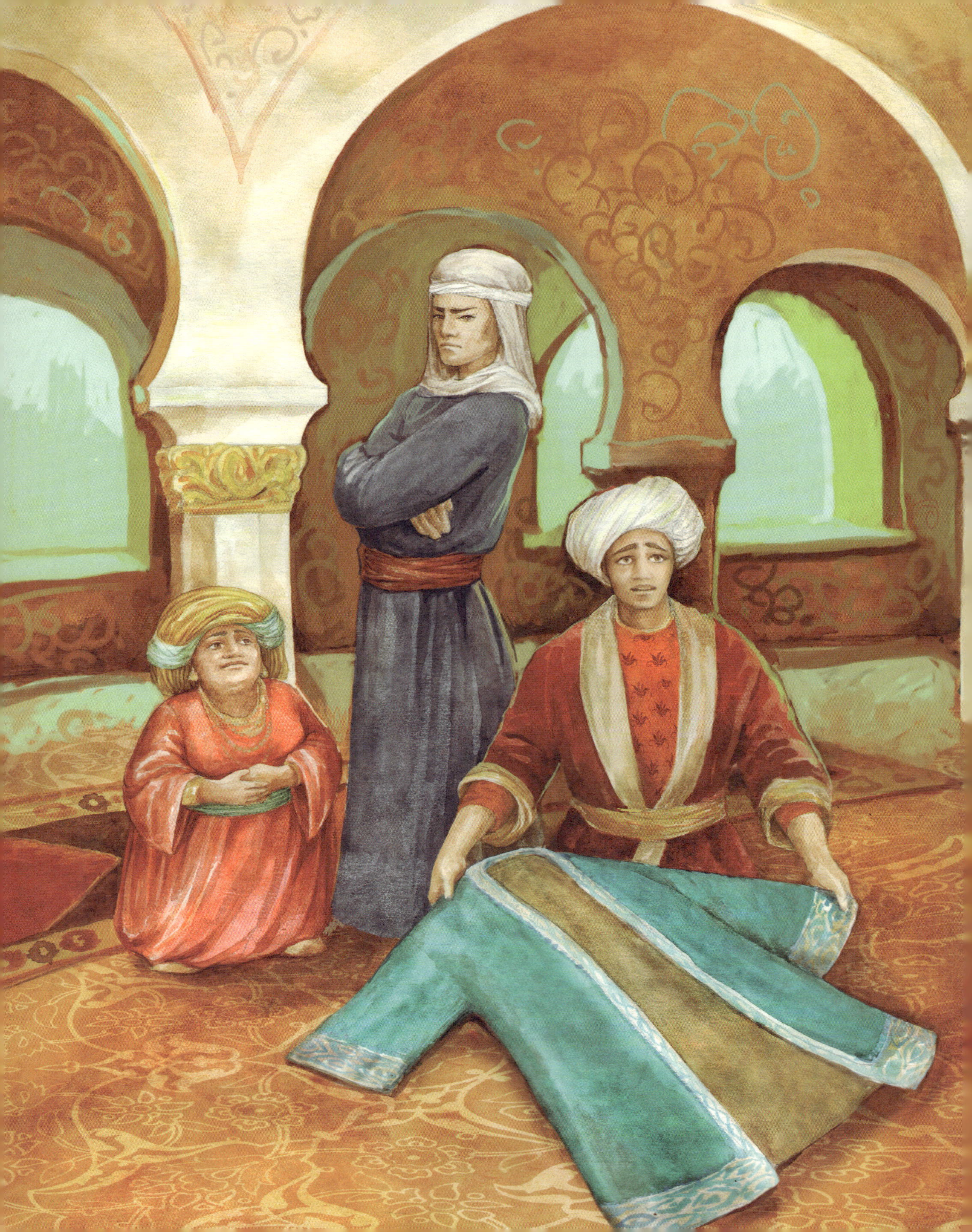

Султан задумался, он недоверчиво поглядывал то на жену, то на Лабакана, который усердно скрывал смущение, что так глупо выдал себя.

— Этого доказательства недостаточно, — сказал султан, — но я знаю способ выяснить, обманут я или нет.

Он вскочил на самого быстрого коня и поскакал к лесу. Там, по древнему преданию, жила добрая фея по имени Адользаида; она часто в тяжёлые минуты приходила своим советом на помощь многим государям его рода, — туда-то и поспешил султан.

Когда султан прибыл на место, один из кедров раскрылся, и оттуда вышла окутанная покрывалом женщина в длинном белом одеянии.

— Я знаю, зачем ты пришёл ко мне, султан! Намерения твои чисты, посему я не откажу тебе. Вот две шкатулки, возьми их, и пусть каждый из юношей выберет свою.

На обратном пути султан гадал, что бы могло быть в шкатулочках, которые ему так и не удавалось открыть. Надписи тоже не помогали разгадке, на одной шкатулочке стояло: «Честь и слава», а на другой: «Счастье и богатство».

Вернувшись к себе во дворец, он призвал султаншу и сообщил ей мнение феи; она преисполнилась сладостной надежды, что тот, к кому лежало её сердце, выберет нужную шкатулочку.

Султан приказал обоим выбрать одну из двух шкатулочек. В шкатулке «Честь и слава», выбранной Омаром, лежали на бархатной подушке золотая корона и скипетр, в шкатулке Лабакана, «Счастье и богатство», большая иголка и немного ниток.

Посрамлённый, униженный, бедный портной Лабакан был изгнан из дворца. Со шкатулкой спустился он в конюшни султана и отправился обратно в Александрию.

Вся его жизнь в роли принца показалась ему сном, и только чудесная коробочка, богато украшенная жемчугами и алмазами, доказывала, что то был не сон.

Прибыв в Александрию, он подъехал к дому своего хозяина и вошёл в мастерскую. Хозяин не сразу узнал портняжку, поэтому и принял очень церемонно. Но когда разглядел, собрал своих учеников, и те поколотили и выгнали Лабакана.

Избитый и истерзанный, сел он на лошадь и поплёлся в караван-сарай. Там Лабакан приклонил свою усталую, разбитую голову и задумался о земных страданиях, о заслугах и о ничтожности и непрочности всех благ мирских. Так он и уснул с намерением стать просто порядочным человеком.

А утром Лабакан продал за большую цену свою шкатулочку, купил себе дом и открыл там мастерскую. Над домом он прибил вывеску: «Лабакан, портняжных дел мастер», затем взялся за иглу и нитки, что оказались в шкатулочке, и принялся штопать кафтан, который так жестоко изодрал на нём хозяин. Кто-то отвлёк Лабакана от работы, и когда он снова хотел взяться за неё, что за удивительное зрелище представилось ему!

Игла усердно шила дальше, без всякой посторонней помощи, и делала такие тонкие искусные стежки, каких не делал и сам Лабакан в свои минуты удачи!

Поистине, даже самый незначительный подарок доброй феи обладает великой ценностью!

Но дар этот имел ещё и другую ценность, вот какую: моток ниток никогда не заканчивался.

С той поры у Лабакана появилось много заказчиков, и скоро он прослыл по всей округе самым знаменитым портным. Он кроил одежду и делал первый стежок своей иглой, а дальше та проворно шила сама, не останавливаясь, пока одежда не была готова.

Скоро все в городе стали заказывать новые наряды у портного Лабакана, ибо он работал прекрасно и брал очень дёшево.

И только одно смущало жителей Александрии, а именно, что он обходился без помощников-подмастерьев и работал при закрытых дверях.

СОДЕРЖАНИЕ

О. Уайльд
Счастливый Принц
(Пер. Л. Шутько)   3

Соловей и Роза
(Пер. В. Гетцель)   15

Преданный друг
(Пер. В. Гетцель)   21

Молодой король
(Пер. В. Гетцель)   33

В. Гауф
Стинфольская пещера
(Пер. В. Гетцель)   45

Калиф Аист
(Пер. В. Гетцель)   57

Принц-самозванец
(Пер. М. Лысая)   69

Коллекционные издания

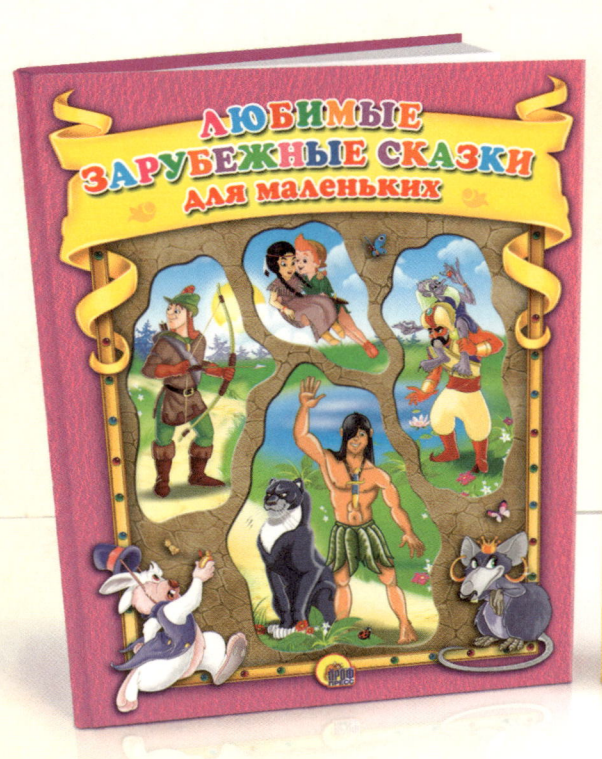

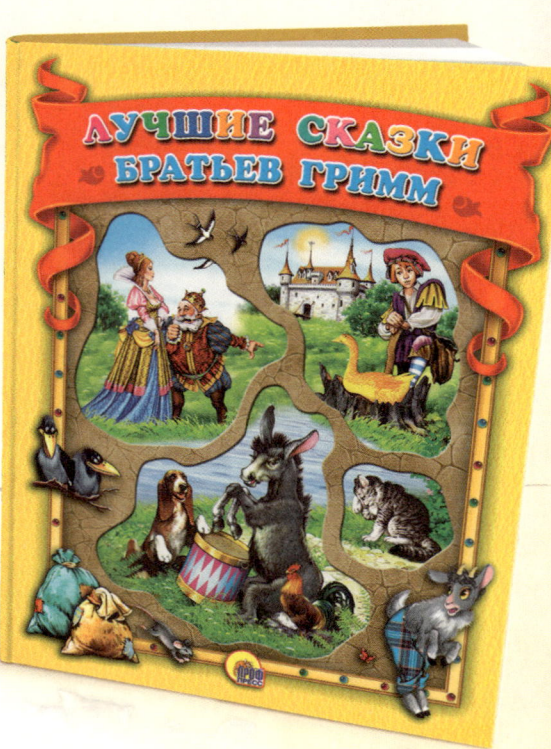

Любимые зарубежные сказки для маленьких

Лучшие сказки братьев Гримм

ПРОФ ПРЕСС

Серия книг в твёрдом переплёте

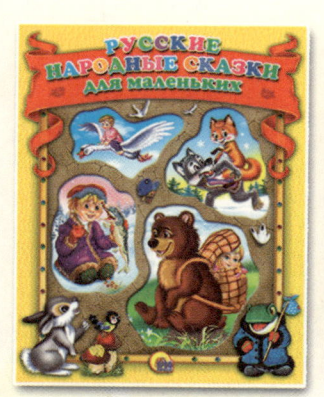

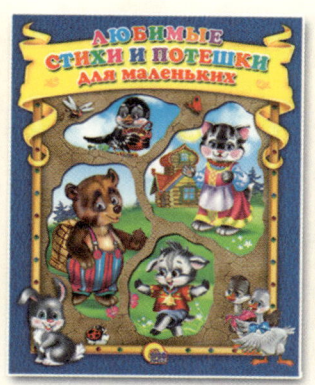

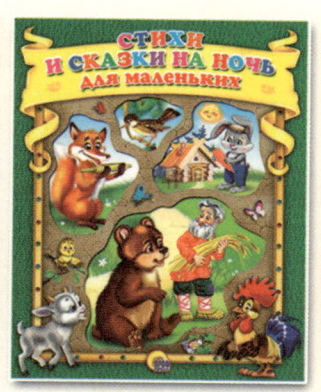

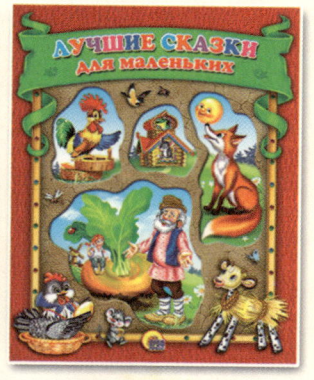

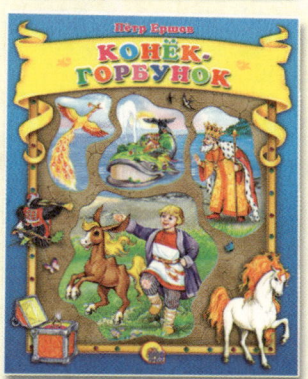

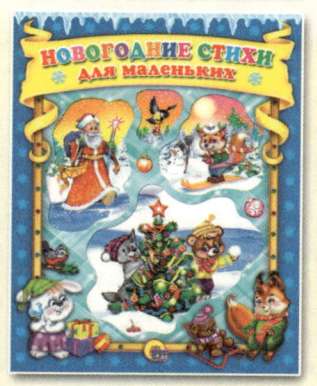

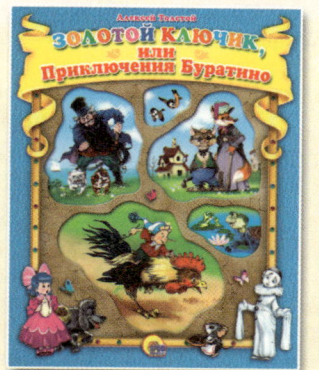

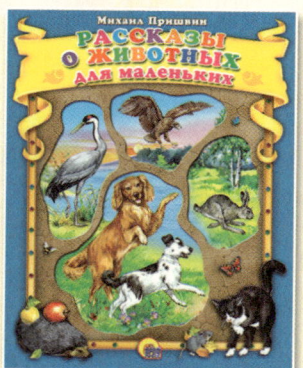

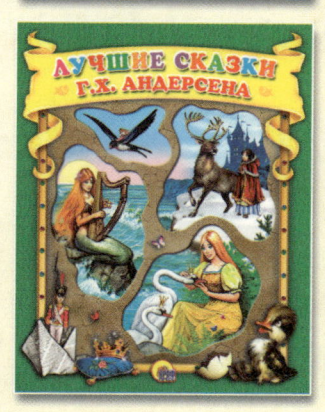

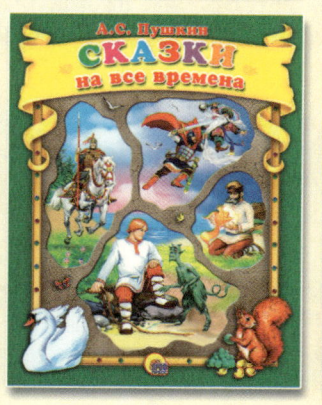

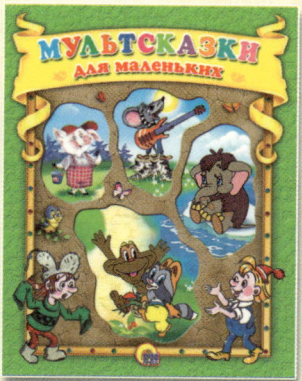

Серия «7 лучших сказок малышам»

СКАЗКИ О МУДРОСТИ И КРАСОТЕ

*

Дизайн обложки ООО «Форпост»
Редактор В. Гетцель
Вёрстка Т. Синцова
Корректор И. Лаврухина

*

Для чтения родителями детям
Отдел продаж книжной продукции:
РО, г. Аксай, ул. Шолохова, 1 Б:
тел./факс: 8 (863) 210-11-67, 210-11-68, 210-11-76
E-mail: book@prof-press.ru; www.prof-press.ru
«Баспа үйі «Проф-Пресс» ЖШҚ-да басып шығарылды,
346720, РО, Аксай қ., Шолохов көш., 1 Б; тел.: (863) 210-11-67, 210-11-68, 210-11-76
E-mail: book@prof-press.ru; www.prof-press.ru
Торговое представительство:
Донецк (Украина): тел.: (0622) 58-17-97. E-mail: ppress@ukrpost.ua

Код по классификации ОК 005-93 (ОКП) 95 3000. Книги и брошюры.
Регистрационный номер декларации о соответствии
ТС № RU Д-RU.АУ14.В.01644 от 16.01.2014
Тіркеу нөмірі: ТС № RU Д-RU.АУ14.В.01644 от 16.01.2014
Соответствует требованиям ТР ТС 007/2011 «О безопасности
продукции, предназначенной для детей и подростков»
Подписано в печать 13.08.2014. Формат 84х108/16.
Бумага офсетная. Печать офсетная. Гарнитура «SchoolBook».
Усл. печ. л. 8,40. Заказ № 4496. Тираж 10 000 экз.

Для писем:
Издательский дом «Проф-Пресс»,
а/я 5782, Ростов-на-Дону, 344019, редакция.

Отпечатано в ООО «Издательский дом «Проф-Пресс»,
346720, РО, г. Аксай, ул. Шолохова, 1 Б;
тел.: (863) 210-11-76.